Acheter Une Propriété Au

Portugal:

Le B.A.BA

Acheter Une Propriété Au
Portugal:
Le B.A.BA

JUNITA MAREE MOLLER-NIELSEN

Junita Maree's

Site Web: *www.thebasicsofportugal.com*
Page Facebook: *https://www.facebook.com/TheBasicsofPortugal*

Cover and interior layout / design by: Ched Celiz
Email: chochangched@gmail.com

Book translated from English to French by: Damaris Hivet
Email: dhivet@yahoo.com

TABLE DES MATIERES

À propos de l'auteur... vii
Remerciements.. viii
Introduction... ix

Le Portugal.. 1
Étape n°1:   Organiser ses finances pour l'achat d'un bien immobilier.............. 3
Étape n°2:   Faire des recherches sur le pays.. 6
Étape n°3:   Identifier les agences immobilières.. 12
Étape n°4:   Ventes publiques aux enchères... 15
Étape n°5:   Propriétés bancaires 22
Étape n°6:   Les Contrats.. 26
Étape n°7:   Représentation légale... 107
Étape n°8:   Numéro d'identification Fiscale 110
Étape n°9:   La Procuration..118
Étape n°10: Le Notaire 120
Étape n°11: Droits de Rétention & Hypothèques sur la propriété.................. 122
Étape n°12: Change de devises étrangères.. 124
Étape n°13: Liste de tous les frais et taxes à la charge de l'acheteur 138
Liste de Vérification des frais.. 143
Liste de vérification des étapes 1 à 13 144-156

Copies des Contrats

Portugais: Tables de IMT 2014M Imposto Municipal Sobre As
Transmissoes Onerosas de Imoveis 30
Traduction française: Tableau IMT 2014M Taxe immobilière municipale 34
Portugais: Casa Lease 39
Traduction française: Bail de location.. 44
Portuguese: Contrato de Arrendamento Urbano para fins Habitacionais
e com Opção de Compra 49
Traduction française: Contrat de Location urbaine avec option d'achat................. 52
Portugais: Contrato De Compra E Venda.. 55
Traduction française: Contrat d'achat et vente 61
Portugais: Contrato De Permuta 67
Traduction française: Contrat d'échange... 73
Portugais: Contrato de Promessa de Compra e Venda 78
Traduction française: Contrat de promesse d'achat
et vente d'une propriété particulière 81
Portugais: Casa Simples Casa Serura 84
Traduction française: Une Maison Simple et Sûre 96

Portugais: Numero de Identificacao Fiscal – Pessoa Singular –
Ficha de Inscricao 113
Traduction française :Numéro d'identification fiscale, Particulier-Fiche
d'inscription – Traduction en français par numéro............................114
Portugais: Instrucoes Para o Preenchimento...................................115
Traduction française: Instructions pour remplir une demande de numéro
d'identification fiscale...117

Informations diverses 159
Conclusion 161

À propos de l'Auteur

Junita Maree Moller-Nielsen est une australienne qui a voyagé au Portugal pour la première fois en 2009. Ce fut un coup de foudre si grand qu'elle y retourna et acheta sa première propriété en 2012 à Figueira da Foz. *Acheter une propriété au Portugal: le B.A.BA* est son premier livre.

Remerciements

Ce livre est le résultat de longs processus, épreuves et tribulations par lesquelles je suis passée tout au long de l'achat de ma propriété portugaise.

J'aurais aimé qu'un tel livre eut été disponible à la vente à ce moment là, m'indiquant la démarche à suivre. Tout aurait été tellement plus simple et cela m'aurait évité un tas de pièges et de frustrations que tant de portugais et d'étrangers expérimentent lorsqu'ils achètent une propriété au Portugal.

Je remercie mon fils, Daleth, qui a été avec moi tout au long de cette entreprise , depuis le début quand j'ai fait ma première offre au propriétaire jusqu'au moment où ma dernière offre a été acceptée à ma très grande joie;

À tous mes amigos et amigas qui ont été là pour moi depuis le moment où je suis arrivée au Portugal en vacances jusqu'à aujourd'hui; votre amitié et hospitalité ont été merveilleuses et ne seront jamais oubliées.

À tous mes amis et à ma famille en Australie et autour du monde, merci du soutien constant que vous m'avez apporté dans cette aventure.

Introduction

Je suis venue au Portugal pour la première fois en 2009 pour visiter des amis, lors de cette première visite, j'ai eu le complet coup de foudre pour le paysage, le style de vie, les gens et la culture du Portugal.

Il y a beaucoup de paysages très variés à travers le Portugal, des vallées de fleurs, des oliveraies, des terres arides et des terrains de cultures en allant vers de très belles plages le long de la côte Atlantique.

Le style de vie portugais est très simple et dans la plupart des endroits, indépendant; les gens cultivent leurs légumes, produisent leur propre huile d'olive de leurs oliviers, tirent leur vin de leur propre vigne et élèvent même leur propre bétail pour la viande.

Au Portugal, une personne peut mener simplement sans complications une vie autonome à moindre coût, comparé à l'Australie et à d'autres pays autour du monde.

J'ai voyagé partout au Portugal, depuis Mirandela- un village pittoresque du grand nord du pays traversé par un superbe fleuve (origine de mes amis Franklin, Helena et Alexandre), jusqu'à Albufeira dans le grand sud.

Oporto, c'est là où j'ai d'abord atterrit, c'est là que se trouve le beau fleuve Douro et d'où mes bonnes amies (amigas en portugais) Deolinda et Maria Juan sont originaires.C'est aussi là que j'ai goûté pour la première fois la »Superbok »(une bière portugaise, Sagres en est un autre) et mangé une « francescina »(une sorte de sandwich de steak cru couvert d'une sauce qui vous met l'eau à la bouche) et où j'ai pris le bateau pour la première fois au Portugal.

J'ai ensuite voyagé dans la région de Coimbra, visité la ville de Coimbra, Mealhada (réputée pour ses meilleurs porcelets grillés de tout le Portugal au restaurant de Pedro-c'est mon opinion en tout cas) et Vacariça.

J'ai poursuivi mon voyage par Figueira da Foz, où je suis tombée sous le charme de ses plages de sable blanc, de ses couchers de soleil majestueux, des gens et de la ville elle-même.

Puis, vers Lisbonne où j'ai vécu, à Anjos et Martim Moniz, la banlieue. J'ai voyagé dans tout Lisbonne, explorant tous les coins et les recoins de cette belle ville, la culture, la nourriture et le style de vie de la capitale du Portugal.

Lors de mes derniers voyages au Portugal, je me suis dirigée vers le sud dans la région Faro de l'Algarve, particulièrement Albufeira et les environs.

En traversant les vastes régions du Portugal, ses petits villages, villes et grandes villes, ses montagnes et villages au bord de la mer, l'endroit qui m'a rappelé Queensland en Australie fut Figueira da Foz. Le style de vie ici est similaire à celui des habitants du Queensland, c'est pourquoi je suis tombée amoureuse de Figueira da foz.

C'est si propre, si bien entretenu, paisible et pour moi revigorant, à cause de toutes les activités qu'on peut pratiquer là-bas. Donc, après avoir visité beaucoup d'endroits au Portugal, j'ai finalement décidé que c'était là-bas où je me sentais le plus chez moi et j'ai décidé de passer à l'action et acheter ma première propriété. J'ai démarré le processus d'achat en octobre 2011 et il s'est officiellement terminé en janvier 2012 lorsque elle fut mise à mon nom; j'étais enfin propriétaire au Portugal.

Au Portugal, que vous soyez intéressé par l'achat d'une propriété pour des raisons personnelles, récréationnelles, locatives ou commerciales, il y a un large éventail d'offres assez abordables.

Tout dépend des raisons pour lesquelles vous souhaitez acheter une propriété au Portugal. Dans mon cas, j'ai acheté un immeuble de trois étages que je suis en train de transformer en maison d'hôte ou gîte, avec deux ou trois magasins au rez-de-chaussée et un bar.

En tout j'ai estimé le coût à 160 000 Euros. Une fois les travaux terminés, ma propriété devrait valoir au moins 600 000 Euros. Pas mal pour un investissement de 160 000 Euros.

J'ai parlé à tout un tas de gens, portugais comme étrangers, à propos de l'achat d'une propriété au Portugal, avant de le faire . J'ai découvert que ça peut être un vrai casse-tête pour certains, j'ai donc eu l'idée d'écrire un livre sur la façon de s'y prendre afin d'aider tout le monde, portugais ou étrangers.

Dans ce livre, je vais essayer de rendre les choses simples et faciles, par la présentation d'informations que j'ai réunies et toutes les démarches par lesquelles je suis passée pour acheter ma propriété.

Je souhaite que ce livre soit un guide simple pour l'achat d'une propriété au Portugal, pour vous aider pas à pas dans la démarche le plus simplement du monde.

Acheter un bien immobilier est une des plus grandes décisions qu'une personne puisse prendre dans sa vie, que ce soit le premier, le second ou le dixième bien acheté.

Lorsque vous achetez un bien au Portugal, ce que vous en ferez est entièrement de votre ressort; que vous le gardiez pour votre usage personnel, que vous le louiez, l'utilisiez comme maison de vacances ou, comme moi, que vous le transformiez en chambres d'hôte ou gîte, c'est vous qui choisissez, les possibilités sont infinies.

J'espère que ce livre vous facilitera l'achat d'un bien immobilier au Portugal. Rappelez vous néanmoins, que ceci n'est ni un guide financier ni un recueil de conseils à l'investissement- ce sont juste les grandes lignes pratiques qui, je l'espère vous aideront dans vos efforts.

LE PORTUGAL

Le Portugal est une des plus vieilles nations d'Europe, ayant établi ses frontières continentales, telles qu'elles sont aujourd'hui, en 1297. Le Portugal fut un royaume indépendant depuis 1143, lorsque D. Afonso Henriques se rebellait contre sa mère et gagnait le Condado Portucalense, le détachant ainsi du royaume de Léon .

Le Portugal se situe sur le côté ouest de la péninsule Ibérique, plutôt idéalement placé entre l'Espagne et l'Océan Atlantique. Sa position géographique le long des côtes atlantiques est la raison de ses liens avec les mers, établissant ainsi les bases de siècles d'aventures en mer et de découvertes.

1415 fut l'année déterminante des siècles suivants. Sous la tutelle du Prince Henry « le Navigateur », les portugais jetèrent les voiles vers des voyages épiques qui leur firent découvrir les premiers, les routes de l'Inde, du Brésil, de la Chine et du Japon, tout en s'installant sur les deux côtes africaines.

Les restes de cette présence historique internationale peuvent être considérés comme l'image de marque de la culture portugaise. La langue portugaise devint l'une des plus parlées au monde et le peuple portugais fut privilégié d'être au contact de tant de civilisations différentes. Le vaste héritage monumental, artistique et archéologique témoigne non seulement de 850 ans de relations avec des cultures distantes mais aussi de sa présence dans les territoires d'autres peuples antiques(les Celtes, les Suèves, les Wisigoths, les Romains et les Arabes).

Les atouts naturels du Portugal, tel le pays ensoleillé à la particularité géographique variée, en ont fait la destination par excellence pour les vacanciers, l'endroit idéal pour pratiquer les sports nautiques et le golf, offrant des installations touristiques modernes et des hébergements pittoresques et personnalisés, tel Solares de Portugal (maisons indépendantes pouvant varier de la superbe maison de ferme au manoir) et les hôtels de charme luxueux que l'on trouve dans des châteaux, des vieux monastères et manoirs, connus sous le nom de Pousadas du Portugal.

Comme décrit sur le site Vivre au Portugal:

http://www.livinginportugal.com/en/where-to-buy/#sthash. oHBpEfL3.dpuf

ÉTAPE 1

ORGANISER SES FINANCES POUR L'ACHAT D'UN BIEN IMMOBILIER

Il y a plusieurs façons d'acheter un bien

J'ai choisi d'acheter un bien au Portugal, non seulement parce que je suis tombée amoureuse du pays, mais aussi parce que j'y ai vu un potentiel inexploité.

Ces dernières vingt et quelques années, j'ai lu des centaines de livres sur la richesse financière qui se construit par l'investissement dans l'immobilier. Je suis sûre que beaucoup d'entre vous avez lu des livres de ce style par les semblables de Napoleon Hill, Robert T. Kiyosaki, Donald Trump, Zig Ziglar, Warren Buffet, pour n'en nommer que quelques uns.

Je suis convaincue que quiconque peut mettre à profit ce qu'il a appris, que ce soit en faisant des recherches ou grâce à d'anciens investissements dans leur pays d'origine ou à l'étranger; je suis sûre qu'ils seront d'accord pour dire que le Portugal est un marché inexploité qui n'attend que les investisseurs étrangers.

Vous trouverez ci-dessous certaines des options qui peuvent se trouver à votre portée:

1. Investir vos finances personnelles.

2. Solliciter un emprunt dans une banque portugaise.

3. Solliciter un emprunt dans votre pays de résidence.

4. Faire un contrat avec le vendeur qui vous permette d'étaler vos paiements sur une période de temps déterminée.

5. Échanger un bien immobilier personnel ou quelconque autre propriété que vous possédez (par exemple un véhicule, une caravane, des actions en bourse, un bateau, etc) contre le bien en question.

6. Un contrat de location/vente, c'est à dire louer le bien pendant un certain temps pour une somme qui pourra être utilisée comme arrhes ou acompte jusqu'à ce que vous ayez droit à un emprunt bancaire ou bien que vous

puissiez obtenir l'argent nécessaire à l'achat du bien par un autre moyen.

7. Le propriétaire peut demander un prêt à votre place, vous devez donc le rembourser dans un laps de temps défini, mais sachez que si vous avez du retard dans vos remboursements, le bien reviendra a son propriétaire d'origine, qui en outre gardera les sommes que vous aurez déjà versées.

Le lot de terre meilleur marché que j'aie jamais trouvé à la vente au Portugal était un terrain de 50 mètres carrés, rempli d'eucalyptus (arbre originaire d'Australie), mis en vente pour seulement 100 Euros.

La maison la moins chère que j'ai trouvée faisait 25 mètres carrés avec un terrain de 1000 mètres carrés (juste en bas de la route), pour 2000 Euros.

Récemment j'ai aussi manqué une occasion, une maison sur trois étages, avec six chambres pour 5000 Euros, dans une annonce sur *www.olx.pt*. Avec des biens aussi bon marché, on pourra toujours rentabiliser son investissement.

ÉTAPE N°2

FAIRE DES RECHERCHES SUR LE PAYS

Assurez vous de connaître ceci:

- *L'endroit où vous souhaitez vivre*
- *L'usage que vous donnerez au bien*
- *Le type de propriété*
- *Les biens en bord de mer*
- *Les terrains cultivables*
- *Paysage de montagne*
- *Mode de vie villageois*
- *Mode de vie rustique*
- *Mode de vie citadin*
- *Fleuves, rivières et Océan*
- *Maisons de vacances*

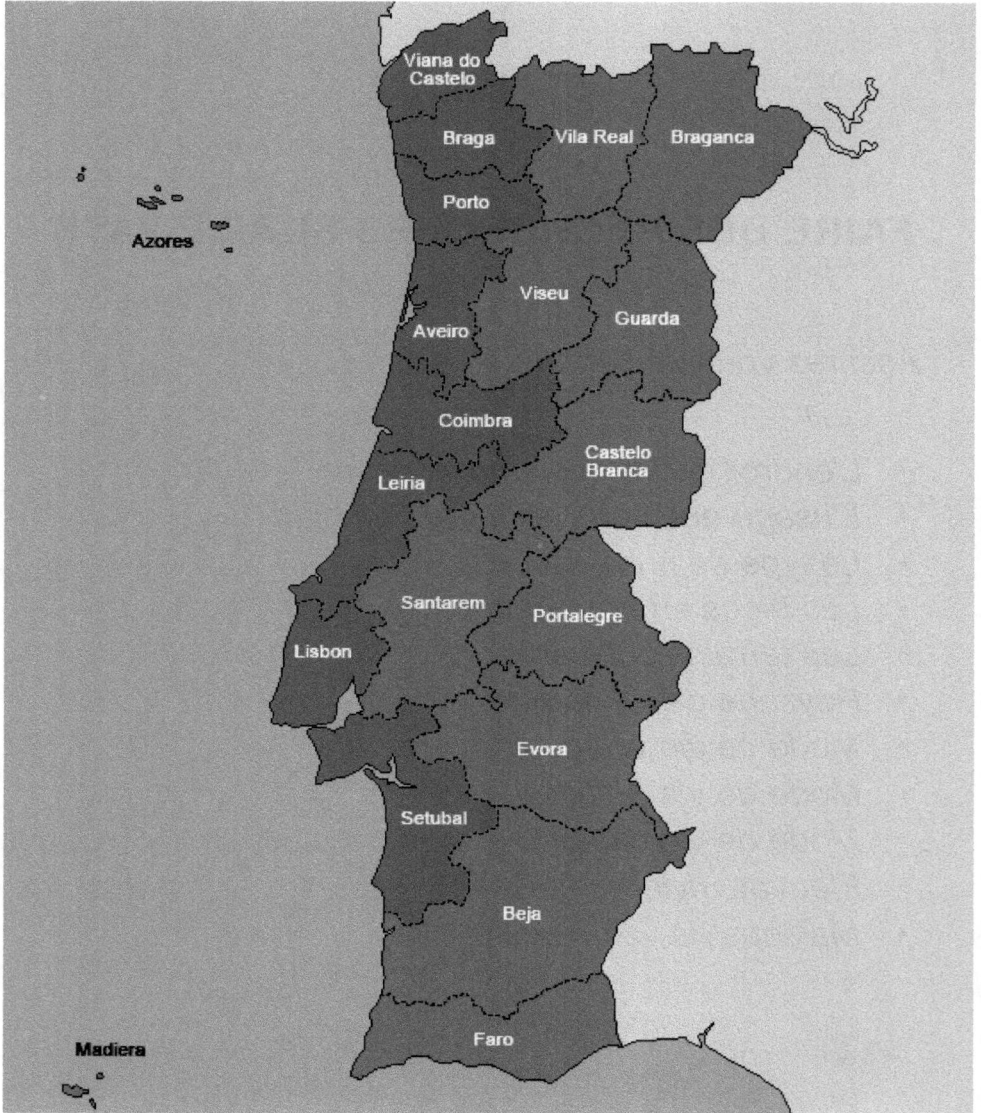

Une carte de toutes les régions du Portugal

PRINCIPALES VILLES, VILLAGES ET ILES DU PORTUGAL

Around Lisbon and Tagus Valley
Alcobaça
Arrábida
Azeitáo
Batalha
Cascais
Ericeira
Estoril
Fatima
Leiria
Mafra
Nazaré
Obidos
Palmela
Peniche
Queluz
Santarém
Sesimbra
Setubal
Sintra
Tomar

Alentejo
Beja
Castelo de Vide
Elvas
Estremoz
Evora

Marvão
Mértola
Monsaraz
Vila Viçosa

Algarve
Albufeira
Faro
Lagos
Sagres
Silves
Tavira
Vila Real de Santo António
Vilamoura

Beiras (Central Portugal)
Aveiro
Belmonte
Buçaco
Coimbra
Conimbriga
Figueira da Foz
Guarda
Monsanto
Piodão
Serra da Estrela
Viseu

Porto and Douro
Amarante
Lamego
Porto

Minho
Barcelos
Braga
Gerês National Park
Guimarães
Ponte de Lima
Ponte de Barca
Viana do Castelo

Tras-os-Montes
Bragança
Chaves
Vila Real

The Islands
Azores
Madeira

DESCRIPTION DÉTAILLÉE DES 18 RÉGIONS DU PORTUGAL CONTINENTAL, AVEC LE NOMBRE DE MUNICIPALITÉS, COMMUNES, PROVINCES ET LOCALISATION

Région	Municipalités	Communes	Province de 1936	Localisation
Aveiro	19	208	Beira Litoral Province + Douro Litoral Province	Norte, Centro
Beja	14	100	Baixo Alentejo	Alentejo
Braga	14	515	Minho	Norte
Bragança	12	299	Trás-os-Montes e Alto Douro Province	Norte
Castelo Branco	11	160	Beira Baixa Province	Centro
Coimbra	17	209	Beira Baixa Province, Beira Litoral	Centro
Évora	14	91	Alto Alentejo	Alentejo
Faro	16	84	Algarve Province	Algarve
Guarda	14	336	Beira Alta Province (partly Trás-os-Montes e Alto Douro)	Centro (partly Norte, only Vila Nova de Foz Côa)
Leiria	16	148	Beira Litoral Province, Estremadura	Centro
Lisbon	16	226	Estremadura (partly Ribatejo)	Lisbon (partly Alentejo)
Portalegre	15	86	Alto Alentejo Province (partly Ribatejo)	Alentejo
Porto	18	383	Douro Litoral Province	Norte
Santarém	21	193	Ribatejo Province (partly Beira Baixa and Beira Litoral)	Centro, Alentejo
Setúbal	13	82	Estremadura Province, Baixo Alentejo Province	Lisbon, Alentejo
Viana do Castelo	10	290	Minho	Norte
Vila Real	14	268	Trás-os-Montes e Alto Douro	Norte
Viseu	24	372	Beira Alta, (partly Douro Litoral)	Centro, Norte

Vous pouvez faire ensuite plus de recherches sur chaque région, puisqu'elles sont toutes différentes, toutes ayant des paysages très variés, afin de voir où vous aimeriez acheter un bien.

Si l'on en croit le site ci-dessous:

http://www.livinginportugal.com/en/where-to-buy/#sthash. oHBpEfL3.dpuf,

celui-ci décrit chacune des régions de la façon suivante:

Porto et le Nord du Portugal

Porto et le Nord est une région où l'histoire, la culture et la nature sont parfaitement combinées, faisant ainsi de cet endroit une destination unique. L'héritage religieux, l'architecture moderne, ses sites naturels, son hospitalité, sa gastronomie et son vin de Porto très prisé sont toutes les attractions principales de la région.

Le Centre du Portugal

Le centre du pays est une région de contrastes, où les visiteurs peuvent découvrir des villages pittoresques le long des côtes ou bien se balader dans des bourgs historiques, comme les villages de Xisto, ou encore dans les châteaux proches de la frontière, où les traditions portugaises et la haute cuisine sont encore préservées.

La région de Lisbonne

Lisbonne est une ville cosmopolite, une des capitales européennes les plus à la mode, d'autant qu'elle porte le nom d'une région qui a beaucoup à offrir: des monuments imposants, des parcs naturels et une large gamme de terrains de golf. C'est proche de la côte de l'Estoril, des bourgades romantiques de Sintra, Óbidos et Tomar, sites touristiques et centres d'intérêt culturel, ainsi que du Sanctuaire de Fatima, un des lieux saints dédiés à la Vierge Marie les plus importants au monde.

Alentejo

Des plaines de fleurs sauvages, des lacs tranquilles, des petites villes et villages accueillants et des horizons aussi lointains que porte la vue. Ici, les visiteurs peuvent découvrir un héritage ancestral mégalithique et des vestiges romains, mauresques et juifs, le plus grand lac artificiel d'Europe, le meilleur endroit au monde pour regarder le ciel (selon l'UNESCO) et un littoral des mieux préservés, avec des kilomètres de plages de sable blanc.

Algarve

Sur l'Algarve, reconnue internationalement comme une des plus célèbres destinations portugaises, vous trouverez beaucoup de soleil, une grande variété de plages, sports nautiques, spas et centres de thalassothérapie, une tonne de loisirs et certains des meilleurs terrains de golf au monde. Les réserves naturelles, l'héritage culturel associé à l'histoire maritime et aux découvertes des portugais et la cuisine locale surtout concentrée sur le poisson et les fruits de mer, sont juste quelques aspects de la diversité que cette région a à offrir.

Madère

Les îles atlantiques de Madère et Porto Santo, avec leur climat subtropical, sont bien connues pour leur beauté naturelle qui encourage les visiteurs à poursuivre des activités en plein air et à rechercher le bien-être. L'attraction majeure est bien sûr celle de partir à la découverte de l'héritage et de la culture liés aux découvertes par les portugais et au vin de Madère, ainsi qu'à ses fêtes, un grand centre d'intérêt.

Açores

Les neuf îles des Açores sont la destination idéale pour le repos, la détente et la prise de contact avec la nature. En plein milieu de l'Océan Atlantique, les îles sont l'endroit rêvé pour la plongée, la baignade dans les gouffres, la randonnée et l'observation des oiseaux, mais aussi pour se régaler d'un héritage culturel extrêmement précieux.

ÉTAPE N°3

IDENTIFIER LES AGENCES IMMOBILIÈRES

Sachez quelles sont les principales agences immobilières et leur site- ceci peut vous éviter de dépenser des milliers de d'euros en achetant votre bien.

Une fois que vous vous êtes familiarisé avec la carte du Portugal, soit en y voyageant soit par internet, vous pouvez donc passer à l'étape suivante, rechercher les différents sites d'agences immobilières et surfer la toile pour trouver des biens à vendre au Portugal.

Les agences immobilières que j'ai personnellement utilisées sont les suivantes:

- *www.era.pt*
- *www.remax.pt*
- *www.imovirtual.pt*
- *www.casasapo.pt*
- *www.solimobiliaria.pt*

Lorsque vous utilisez *www.casasapo.pt*, *www.solimobiliaria.pt* et *www.imovirtual.pt*, vous pourrez trouver la liste de toutes les petites agences immobilières de tout le Portugal.

Les cinq agences ci-dessus sont les principales agences immobilières au Portugal: Era fut celle où j'ai pu trouver ma belle propriété de Figueira da Foz.

Si vous êtes étranger, soyez patient, car vous répondre peut prendre du temps: selon mon expérience, 4 à 7 jours grosso modo, car il semble qu'ils s'assurent d'abord d'avoir quelqu'un qui parle bien l'anglais pour gérer la correspondance.

Pour les citoyens portugais ou les résidents étrangers qui parlent le portugais couramment, cela ne devrait pas être long du tout.

Un autre site web utilisé par les propriétaires autant que par les agents immobiliers est *www.olx.pt*, il y a des milliers de biens de tous types à vendre sur ce site. J'y ai trouvé de nombreux biens répertoriés vraiment intéressants. *www.olx.pt* es similaire , si ce n'est égal, aux sites ebay que l'Australie et l'Amérique utilisent.

Les divers sites que j'ai répertoriés devraient vous permettre de trouver des propriétés, des terrains, des mobile-homes, des appartements, des maisons, des immeubles et des magasins, pour n'en nommer que quelques uns, à des prix très abordables.

www.green-acres.pt est le site le plus utilisé par les étrangers qui cherchent des biens outre-mer.

Je pourrais donner une longue liste de sites internet d'agences immobilières représentant le Portugal, mais comme le titre du livre le dit, ce n'est que le B.A.BA de l'achat d'un bien au Portugal que je souhaite expliquer. Je vais donc rester simple. Les plus faciles à obtenir et les biens les moins chers se trouvent sur les sites dont j'ai déjà donné les références et j'ai pu vérifier que ceux-ci sont les moyens les plus efficaces de chercher une propriété au Portugal.

La plupart des sites web d'agences immobilières sont disponibles dans un certain nombre de langues: si nécessaire vous pouvez utiliser *https://translate.google.com/* pour traduire si vous ne trouvez pas votre langue.

Une fois que vous aurez identifié le bien de votre choix, que vous l'aurez vu en personne et que vous pouvez vous imaginer y vivre, vous pourrez passer à l'étape suivante , si vous êtes prêt à faire une offre pour ce bien.

ÉTAPE N°4

VENTES PUBLIQUES AUX ENCHÈRES

Portugal Finanças possède un site web où on réalise des ventes publiques aux enchères en ligne.

J'ai aussi utilisé le site de Portugal Finanças, celui-ci étant un service public qui récupère les propriétés non réclamées par la famille à la mort de leur propriétaire ou celles laissées à l'État, dont les propriétaires ont failli au règlement de sommes dues. Ce service s'occupe de vendre aux enchères ces biens afin de se régler les impôts dus et autres frais.

http://www.e-financas.gov.pt/vendas/home.action

Si sur ce site vous avez repéré un bien qui vous plaît, vous pouvez acheter directement si vous êtes portugais. Si vous êtes étranger, il serait plus facile de vous trouver quelqu'un qui parle couramment le portugais ou bien un advogado (avocat) qui puisse vous conseiller sur la façon de faire vos offres et d'obtenir la propriété si vous remportez la vente.

En bref, il y a trois façons d'acheter un bien sur « Finanças »:

Option n°1 Enchères en ligne

Option n°2 Par courrier scellé

Option n°3 Négociation privée

Acheter un bien immobilier aux enchères publiques pour une fraction de sa valeur semble bien avantageux, mais avant de participer à une vente aux enchères par « Finanças », vous devez savoir certaines choses.

Chaque bien a un curateur, soit un particulier, un agent immobilier ou une quelconque autre entité. Sa responsabilité est de montrer ou faire visiter le bien pendant un laps de temps défini avant la vente aux enchères. Vous trouverez leurs noms et coordonnées sur la page web des enchères.

La vente aux enchères durera quinze (15) jours et l'offre de départ sera de 70% de la valeur du bien. S'il n'y a pas d'offre pendant cette période, la vente en ligne touchera à sa fin.

Pendant une période de vingt (20) jours après la fermeture des enchères en ligne, Finanças acceptera les offres par courrier scellé avec une offre de départ de 50% de la valeur du bien (voir la copie d'une offre par courrier scellé à la fin de ce chapitre).

Dans le cas où, après ce deuxième laps de temps, il n'y a toujours pas d'offre, le bien sera à nouveau mis aux enchères en ligne par le système habituel, mais cette fois ci, les enchères ne démarreront pas sur une offre minimale. Le bien pourrait être vendu pour le prix d'un (1) Euro. OUI, C'EST VRAI!! UN BIEN PEUT ÊTRE ACHETÉ POUR LA SOMME D'UN (1) EURO.

L'achat d'un bien immobilier sera soumis au paiement des taxes. Lorsque vous faites une offre, rappelez vous que c'est le prix hors taxe. Au moment de l'achat, vous devrez payez les deux (2) taxes suivantes:

• **Imposto Municipal sobre Transmissão Onerosa de Imóveis**

En français, cela veut dire en gros:Taxe Municipale sur la vente immobilière pour le transfert de la propriété

• **Imposto do Selo**

En français- timbre fiscal

Vous pouvez donc faire une offre en ligne ou bien par courrier scellé. Je préfère l'**Option n°1** étant donné qu'on peut facilement faire le suivi en ligne.

Une enchère close signifie que vous n'avez aucun accès aux autres offres et que le résultat ne sera connu qu'à la fin des enchères. Les résultats seront alors publiés en ligne pendant trente (30) jours.

Si vous faites l'offre gagnante, vous devrez payer un tiers (1/3) de la valeur du bien immédiatement et les deux tiers (2/3) restants sous quinze (15) jours.

Si la valeur totale de la propriété dépasse les 51 000 Euros, vous pourrez demander le report de paiement des deux tiers (2/3) sur une période de huit (8) mois.

Il n'y a aucun contrat entre vous et Finanças. Une fois que vous aurez fait une offre, vous serez engagé à l'achat de la propriété selon les lois portugaises.

Une fois l'entière somme due pour le bien, déposée, Finanças vous délivrera un document appelé **« Auto de Adjudicaçao »**, c'est à dire un acte de vente qui vous transfère la possession du bien.

A ce stade le bien n'est pas encore vôtre! Il y a une période de temps (variant selon la procédure légale) pendant laquelle des tiers peuvent s'opposer au transfert de propriété, par exemple des banques, des conjoints ou membres de la famille dépités, etc.

Lorsque cette période conclue et en supposant que personne ne s'est opposé au transfert, Finanças vous délivrera un document légal qui annule toute hypothèque, libérant le bien afin qu'il soit enregistré à votre nom.

Normalement l'achat d'un bien immobilier exige un contrat « Escritura » entre le vendeur et l'acheteur, ceci étant fait par un notaire. Nous avons décrit ci-dessus le scénario unique dans lequel aucun contrat ou « Escritura » d'aucune sorte n'est rédigé. La procédure a ainsi été décidée pour simplifier le transfert de propriété et réduire les coûts pour le futur propriétaire.

Deux (2) documents (l'Acte de vente & et l'Annulation de toutes dettes) devrait vous être remis par Finanças, vous devrez porter ces deux documents au Conservatória do Registo Predial (Service du Cadastre). Ce sera là que vous pourrez enfin enregistrer le bien à votre nom comme seul et unique propriétaire.

Veuillez vous rappeler que les biens sur la liste peuvent avoir besoin d'être entièrement rénovés ou complètement détruits puis reconstruits. Il se peut que vous ayez l'occasion d'acheter un bien à très bon marché, mais gardez à l'esprit qu'il se peut bien qu'il y ait d'autres dépenses ou coûts cachés dus aux travaux nécessaires.

Avant l'achat d'un bien quel qu'il soit, vérifiez l'histoire de celui-ci et son statut légal

À cette fin, vous aurez besoin de voir le **« Certidao do Registo Predial »**.Ceci est un document qui comporte toute l'histoire du bien immobilier. En général, le curateur en a une copie de référence.

Vous pouvez aussi en obtenir une copie auprès du "Conservatória do Registo Predial" dans la région où vous souhaiter acheter le bien.

Ceci est une chose importante – chaque acheteur potentiel devrait toujours vérifier l'histoire du bien immobilier et s'informer sur ses propriétaires actuels. Au Portugal, il est courant qu'une petite partie d'une construction soit la possession de quelqu'un d'autre ou d'une entreprise, ou bien qu'elle soit la garantie de plusieurs hypothèques ou même que des actions légales en cours contre le propriétaire l'empêchent d'en disposer.

De plus , il se pourrait que le bien soit actuellement loué à quelqu'un et que vous ne découvriez la chose qu'après l'achat du bien. Au Portugal, tous les locataires en possession d'un bail sont protégés légalement par le contrat.

Copie d'un contrat: offre scellée en Portugais
(Dados do comprador: Nome, morada, contribuinte e contactos)

Data: _____

ASSUNTO: PROC. No. _____
TRIBUNAL JUDICIAL DE _____
INSOLVENTE: _____

Excellencies,

   Vimos por este meio apresentar a nossa proposta para aquisição dos bens a seguir identificados referente ao processo supra identificado:

Verba No: _____
Total: _____

   Informamos V. Exas. que tomámos conhecimento do regulamento, não tendo nada a opor às condições de venda.

Sem mais,

Atenciosamente,

_____

Copie d'un contrat: Offre scellée en français
(Informations de l'acheteur: nom, adresse, n° d'identification fiscale, téléphone et mail)

Date: _____

Sujet: Proc. N° _____

Tribunal de: _____

INSOLVABLE: _____

Votre Honneur,

    Nous soumettons par la présente notre offre d'acquisition des biens identifiés ci-dessous, en rapport avec le procès dont la référence est reportée ci-dessus:

Somme: _____

Total: _____

    Nous informons votre Honneur que nous comprenons les termes et n'avons aucune objection aux conditions de vente.

Veuillez agréer nos sincères salutations

_____

ÉTAPE N°5

PROPRIÉTÉS BANCAIRES

Les enchères bancaires sont une autre façon de trouver des occasions en or. Les enchères sont généralement conduites de façon standard. Tous les participants seront réunis dans la pièce, chacun tenant une petite pancarte ayant un chiffre, comme toutes les enchères ouvertes au public. Moins souvent, il y a aussi certains commissaires-priseurs qui organisent des enchères en ligne.

Un exemple:

* *http://www.uon-imobiliaria.pt/imobiliario.aspx?lang=EN*

Chaque vente a ses propres règles, celles-ci étant définies par l'institution bancaire et le commissaire priseur qui conduit la vente aux enchères. Il est donc impératif que vous consultiez les règles de chaque vente avant de signer contrat ou n'importe quel autre document, afin que vous compreniez entièrement les normes de fonctionnement avant de faire une offre.

Les ventes aux enchères sont habituellement annoncées sur les sites web des banques mais aussi par les commissaires priseurs ou agents immobiliers.

Voyez certains exemples:

Caixa Geral de Depósitos (Banque)

* *http://www.caixaimobiliario.pt/leiloes/*

Commissaires-priseurs

* *http://www.euroestates.pt/auctionlist.aspx?menuid=31*

* *http://www.uon-imobiliaria.pt/Imobiliario.aspx?lang=PT#/ mediacao/?vendidos=0&pagina=1&ordenacao=5*

Agents immobiliers

* *http://www.era.pt/campanhas/leiloes-de-casas_pt_1*

- *http://www.era.pt/vantagens/campanhas-showaspx?idcampanha=
  1&title=leiloes-decasas&idcampanha=1&title=leiloes-de-casas&
  idioma=pt1*

Vous trouverez fréquemment des biens immobiliers de banques à vendre sans enchère. La vente est alors menée par un agent immobilier que vous devriez contacter pour obtenir les informations détaillées du bien. Les biens sont alors identifiés comme « Propriétés bancaires ».

Quelques exemples:

Millennium BCP

- *http://ind.millenniumbcp.pt/en/Particulares/viver/Imoveis/Pages/
  imoveis.aspx#/Search.aspx*

Caixa Geral de Depósitos

- *https://en.caixaimobiliario.com/buy-or-rent-in-portugal/real-
  estate-search-result.jsp?operacao=8*

Avant de vous rendre à une vente aux enchères, assurez vous de visiter la propriété. Le recueil de biens immobiliers disponible lors de chaque vente aux enchères contient une liste des caractéristiques de chaque propriété ainsi que les coordonnées de agents immobiliers chargés d'organiser les visites.

Chaque vente aux enchères exige des participants un acompte correspondant à 5 ou 10% du prix de départ. Cet acompte servira de dépôt de garantie dans le cas où vous remporteriez la vente. Si vous n'achetez rien, lorsque les enchères seront terminées, cette somme vous sera rendue.

Mais si vous vous rétractez après avoir réalisé l'offre la plus élevée, l'acompte ne vous sera pas rendu.

Les banques qui mettent à la vente ces propriétés disposent parfois de solutions financières pour les biens particuliers lors des ventes aux enchères. Cela veut dire que la banque peut peut-être vous proposer un crédit. Assurez vous de lire les directives pour chaque bien qui vous intéresse. Veuillez consulter les instructions et le règlement de chaque vente aux enchères et assurez vous de bien les comprendre.

Certaines banques du Portugal:

- Atlantico – Banco Portugues do Atlantico
- Banco de Portugal
- Banco 7
- Banco Portugues de Investimento (BPI)
- Banco Comercial Portugues
- Banco Espirito Santo
- Banco International de Credito S.A.
- Banco Mello
- Banco Santander Totta
- Banif – Banco Internacional do Funchal
- Banif Financial Group
- Barclays Netbanking Portugal
- BBVA Portugal
- Caixa Geral de Depositos
- Caixa Economica Montepio geral (CEMG)
- Cisf – Banco de Investimento S.A.
- Credito Agricola
- Espirito Santo Financial Group (ESFG)

ÉTAPE N°6

LES CONTRATS

Une fois que vous avez choisi le bien immobilier que vous voulez et que le vendeur et vous êtes tombés d'accord sur un prix, vous devrez maintenant signer une « promesse d'achat et /ou de vente ». Ceci n'est strictement nécessaire que lorsque dans certains cas, il n'est pas possible d'acheter le bien immédiatement.

Si cependant vous pouvez acheter le bien immédiatement, vous n'aurez pas besoin de contrats, d'avocats, etc. Vous pouvez prendre rendez-vous au bureau de CASA PRONTA. C'est le service public où vous pourrez régler **TOUT** ce qui a un rapport avec l'achat immédiat d'une propriété.

Où pouvez vous trouver un bureau de la CASA PRONTA ?

Liste mise à jour de ces bureaux:

* *http://www.casapronta.pt/CasaPronta/conteudos/postos_ atendimento.jsp*

Quelle que soit la région où se trouve votre bien, vous pouvez utiliser n'importe quel bureau de CASA PRONTA. Choisissez donc le plus pratique pour vous ou bien celui dont vous êtes le plus proche au Portugal.

Si vous achetez un bien par le moyen d'un agent immobilier, laissez l'agent se charger de tout ça pour vous. Cela fait partie du service habituel des agents immobiliers. Il organisera un rendez vous, fournira les documents nécessaires à la CASA PRONTA, et tout cela gratuitement.

Si vous achetez à une entreprise de construction, c'est normalement aussi au constructeur de s'occuper de ces démarches et paperasses: et cela sans frais.

Lorsque vous achetez une propriété grâce à un prêt bancaire, le rendez-vous peut être pris depuis la banque et le notaire de CASA PRONTA ira
directement à la banque, si toutes les personnes concernées le trouvent pratique. Dans ce cas, le rendez-vous sera pris en ligne.
Vous n'aurez rien à faire puisque le directeur du service des prêts de la banque s'en chargera pour vous. Ceci est aussi un service gratuit.
Tous les documents que le vendeur fournira à la CASA PRONTA seront examinés par ce service public. Ces gens sont très professionnels et découvriront s'il y a quelque problème légal et vous en avertiront.
Si vous ne vous sentez pas entièrement à l'aise du fait d'avoir un acte de propriété en portugais, demandez quelques jours à l'avance une copie de l'acte et faites le traduire par quelqu'un à qui vous faites confiance.
Ce document est rédigé par un notaire public, non pas par le vendeur ni personne d'autre.
Les agences immobilières fournissent souvent des services de traduction au client: l'agent immobilier sera présent au bureau de la CASA PRONTA pour vous aider si vous avez des questions, proposer un service de traduction, en particulier quand le client est étranger. Ce service aussi est gratuit.
Une fois votre rendez-vous pris, vous devez vous présenter ponctuellement, certains bureaux annulent le rendez-vous si vous n'arrivez pas à l'heure.

Vous aurez besoin de ceci:

- un chèque de banque pour payer le bien
- votre carte d'identité
- un numéro d'identification fiscale au Portugal (voir page 113 pour plus de détails)
- une carte de crédit, du liquide ou un carnet de chèque pour payer les frais et taxes

- votre épouse, époux ou partenaire, si vous achetez le bien à vos deux noms.

Combien cela coûte t-il?

1. 700 Euros plus taxes pour 2 déclarations, par exemple déclaration d'achat et enregistrement d'hypothèque, si vous utilisez un crédit bancaire
2. 375 Euros plus taxes pour 1 déclaration d'achat sans prêt bancaire
3. Les frais de services déjà cités
4. La taxe municipale: voir tableau à la suite (pages 30-37)
5. Timbre fiscal:1%

Note: Certaines taxes peuvent subir de petites variations chaque année. Cette information est basée sur les taux 2014.

Portugai: Tableau IMT 2014 Impôt Municipal
sur la transmission de immeubles

Continente

1. Aquisição de predio urbano ou fraccão autónoma de prédio urbano destinado exclusivamente à habitação própria e permanente:

CIMT – Art.° 17.° n.° 1-a)
Tabela Simplificada – Ano de 2014
Continente - Habitação própria e permanente

Rendimento Colectável (Euros)	Taxa Marginal a aplicar (em percentagem)	Parcela a abater (Euros)
Até 92.407,00	0%	0,00
De mais de 92.407,00 até 126.403,00	2%	1.848,14
De mais de 126.403,00 até 172.348,00	5%	5.640,23
De mais de 172.348,00 até 287.213,00	7%	9.087,19
De mais de 287.213,00 até 574.323,00	8%	11.959,32
Superior a 574.323,00	6%	0,00

2. Aquisição de predio urbano ou fraccão autónoma de prédio urbano destinado exclusivamente à habitação, não abrangido pelo quadro anterior:

CIMT – Art.° 17.° n.° 1-b)
Tabela Simplificada – Ano de 2014
Continente - Habitação

Rendimento Colectável (Euros)	Taxa Marginal a aplicar (em percentagem)	Parcela a abater (Euros)
Até 92.407.00	1%	0,00
De mais de 92.407,00 até 126.403,00	2%	924,07
De mais de 126.403,00 até 172.348,00	5%	4.716,16
De mais de 172.348,00 até 287.213,00	7%	8.163,12
De mais de 287.213,00 até 574.323,00	8%	11.035,25
Superior a 574.323,00	6%	0,00

Acquisição de prédios rústicos...5%

Acquisição de outros prédios urbanos e outras acquisições 6,5%

A taxa é sempre de 10%, nao se aplicando qualquer isenção ou redução sempre que o adquirente tenha a residência ou sede em país, território ou região sujeito a um regime fiscal mais favorável, constante de lista aprovada por portaria do Ministro das Finanças.

REGIÕES AUTÓNOMAS

1. Aquisição de prédio urbano ou fracção autónoma de prédio urbano destinado exclusivamente à habitação própria e permanente:

CIMT – Art.°17.° N.°1 – a] e Lei 2/90, de 4/8
Tabela simplificada – Ano de 2014
Regiões autónomas – Habitação própria e permanente

Rendimento Colectável (Euros)	Taxa Marginal a aplicar (em percentagem)	Parcela a abater (Euros)
Até 115.508,75	0%	0,00
De mais de 115.508,75 até 158.003,75	2%	2.310,18
De mais de 158.003,75 até 215.435,00	5%	7.050,29
De mais de 215.435,00 até 359.016,25	7%	11.358,99
De mais de 359.016,25 até 717.903,75	8%	14.949,15
Superior a 717.903,75	6%	0,00

2. Aquisição de prédio urbano ou fracção autónoma de prédio urbano destinado exclusivamente à habitação, não abrangido pelo quadro anterior:

CIMT – Art.°17.° N.°1 – a] e Lei 2/90, de 4/8
Tabela simplificada – Ano de 2014
Regiões autónomas – Habitação

Rendimento Colectável (Euros)	Taxa Marginal a aplicar (em percentagem)	Parcela a abater (Euros)
Até 115.508,75	0%	0,00
De mais de 115.508,75 até 158.003,75	2%	1.155,09
De mais de 158.003,75 até 215.435,00	5%	5.895,20
De mais de 215.435,00 até 359.016,25	7%	10.203,90
De mais de 359.016,25 até 717.903,75	8%	13.794,06
Superior a 717.903,75	6%	0,00

Tables de IMT 2014M Imposto Municipal Sobre As Transmissoes Onerosas de Imoveis – Tableau sur la Taxe Municipale sur la Propriété 2014

Continent

1. Acquisition d'un bien immeuble urbain ou fraction autonome d'un bien immeuble ayant pour objet la résidence personnelle et permanente.

CIMT_Article 17, N°1-a
Tableau simplifié- Année 2014
Continent-Habitation personnelle permanente

Revenus Bruts en Euros	Taxe en pourcentage	Somme déductible (Euros)
Jusqu'à 92 407	0.00%	0
De 92 407 à 126 403	2.00%	1848.14
De 126 403à 172 348	5.00%	5640.23
De 172 348 à 287 213	7.00%	9087.19
De 287 213 à 574 323	8.00%	11959.32
Plus de 574 323	6.00%	0

2. Acquisition d'un bien immeuble ou fraction , prévu seulement pour l'habitation, non inclus dans le tableau précédent

CIMT_Article 17, N°1-a
Tableau simplifié- Année 2014
Continent-Habitation

Revenus Bruts en Euros	Taxe en pourcentage	Somme déductible (Euros)
Jusqu'à 92 407	1.00%	0
De 92 407 à 126 403	2.00%	924.07
De 126 403 à 172 348	5.00%	4716.16
De 172 348 à 287 213	7.00%	8163.12
De 287 213 à 574 323	8.00%	11035.5
Plus de 574 323	6.00%	0

Acquisition d'un bien immeuble rustique.. 5%

Acquisition d'autres immeubles urbains et autres
acquisitions coûteuses 6,5%

Le taux est toujours de 10%, lorsque l'acquéreur a la résidence ou bien un bureau enregistré dans un département, territoire ou région bénéficiant soumis à un régime fiscal plus avantageux, (voir la liste approuvée par le Ministre de Finanças) aucune exemption ni réduction ne s'applique.

RÉGIONS AUTONOMES

1. Acquisition d'un bien immeuble ou fraction d'un immeuble urbain prévu comme lieu d'habitation permanente

CIMIT-Art.17, N°1 – a et loi 2/90, de 4/8
Tableau simplifié Année 2014
Régions Autonomes- Résidence personnelle permanente

Revenus Bruts	Taxe à appliquer (pourcentage)	Somme déductible (Euros)
Jusqu'à 115 508,75	1.00%	0
De 115 508,75 à 158 003,75	2.00%	2310.18
De 158 003,75 à 215 435	5.00%	7050.29
De 215 435 à 359 016, 25	7.00%	11358.99
De 359 016,25 à 717 903, 75	8.00%	14949.15
Plus de 717 903,75	6.00%	0

2. 2. Acquisition d'un immeuble urbain ou d'un fraction d'un immeuble urbain destiné uniquement à être lieu de résidence, non inclus dans le tableau précédent

CIMIT-Art.17, N°1 – a et loi 2/90, de 4/8
Tableau simplifié Année 2014
Régions Autonomes- Résidence personnelle permanente

Revenus Bruts en Euros	Taxe à appliquer en pourcentage	Somme déductible (Euros)
Jusqu'à 115 508,75	1.00%	0
De 115 508,75 à 158 003,75	2.00%	1155.09
De 158 003,75 à 215 435	5.00%	5895.2
De 215 435 à 359 016, 25	7.00%	10203.9
De 359 016,25 à 717 903, 75	8.00%	13794.06
Plus de 717 903,75	6.00%	0

J'ai joint une copie des contrats suivants en Portugais et leur traduction en français. Ces contrats sont un exemple de ce qui peut être utilisé lors de l'achat d'un bien immobilier au Portugal. Ils ne sont donnés qu'en exemple puisque certains contrats peuvent varier bien sûr.

1. Une copie de contrat de location avec option d'achat.

2. Contracto de Compra E Venda- Contrat de location avec option d'achat

3. Contracto de Permuta- Contrat d'échange de biens

4. Contracto de Promessa de Compra e Venda com reserve de Propriedade de Bens Movies – Contrat de promesse d'achat et de vente par garantie de biens personnels.

Vous devriez aussi savoir que vous pouvez adapter un contrat à vos besoins spécifiques lorsque vous achetez un bien, si le propriétaire est d'accord avec les conditions de l'offre que vous avez faite, alors cette offre est votre contrat.

Par exemple, si j'en reviens au temps où j'ai acheté mon bien, j'ai proposé de verser la somme due en trois paiements étalés sur une période de six mois. Le propriétaire fut d'accord avec les termes de l'offre et je fis l'achat du bien.

Portuguese: Casa Lease

Entre:..,
natural da freguesia e concelho ...., viúva,
titular do bilhete de identidade .... emitido em
.... pelos ...., contribuinte
fiscal no. ....,...................,
titular do bilhete de identidade no. .... emitido em
...., contribuinte fiscal no. ....
..................., ambas residentes na..........................,...................,
...., na qualidade de herdeiras ....
...., NIF de herança ....
.............., como PRIMEIRAS OUTORGANTES e SENHORIAS, e,
...., solteiro, maior, natural de
...., de nacionalidade alemã,
titular do passaporte no. ....
emitido em .... pela embaixada alemã em
Lisboa, contribuinte fiscal no. .... e ....
....,..............................., natural
da freguesia de ...., concelho de ....,
titular do cartão de cidadão no. .... válido até
.... emitido pela República Portuguesa, contribuinte
fiscal no. ...., ambos residentes em ....
....,
como SEGUNDOS OUTORGANTES e INQUILINOS, e
...., solteiro, maior,
natural de ...., Alemanha, de nacionalidade
alemã, titular do cartão de cidadão número ....
válido até .... emitido pela República Portuguesa,
contribuinte fiscal no. ...., residente em ....
.... Porches como
TERCEIRO OUTORGANTE E FIADOR é celebrado o presente

contrato de arrendamento habitacional nos termos do arto 1069 e seguintes do Código Civil, e que se rege pelas cláusulas seguintes:

Cláusula Primeira

As Primeiras Outorgantes são donas e legítimas proprietárias do prédio urbano destinado a habitação, sito em Rua do Sol também denominada ....
........................., freguesia e concelho de ....,
inscrito na respectiva matriz predial sob o artigo 741, descrito na Conservatória do Registo Predial de ....
sob o no. ....

Parágrafo único: Prédio construído antes da data de ....
...., conforme certidão camarária de
....

Cláusula Segunda

Pelo presente contrato as Primeiras Outorgantes dão de arrenda-mento aos Segundos, o referido prédio, devoluto de pessoas e bens, pelo período de .... a
...., renovável automaticamente por períodos de 1 ano, se não fôr denunciado por qualquer das partes.

Parágrafo único – Em caso de venda do imóvel por parte das Primeiras Outorgantes, ficam os Segundos desde já, com direito de preferência nessa aquisição, acordando para esse efeito o valor de .... € , se decorridos 5 anos de arrendamento.

Cláusula Terceira

O preço acordado a pagar pelos Segundos Outorgantes às Primeiras foi determinado por ambas as partes da seguinte forma:

- Primeiro ano: 500,00 € (quinhentos euros) , mensais, pagos até ao dia 8 de cada mês, por transferência bancária para a conta ....
- Segundo ano: 550,00 € (quinhentos e cinquenta euros) mensais, pagos até ao dia 8 de cada mês, por transferência bancária para a conta ....
- Terceiro ano : 600,00 € (seiscentos euros) mensais, pagos até ao dia 8 de cada mês por transferência bancária para a conta ....
- Quarto e Quinto anos : 650,00 (seiscentos e cinquenta euros), mensais , pagos até ao dia 8 de cada mês por transferência bancária para a conta ....
- Com a assinatura do presente contrato os Segundos Outorgantes pagam a quantia de 1500,00 euros (mil e quinhentos euros).

Cláusula Quarta

- Os Segundos Outorgantes ficam desde já autorizados pelas Segundas Outorgantes a sublocar ou ceder no todo ou em parte, onerosa ou gratuitamente, o local arrendado.
- Os Segundos Outorgantes não podem realizar quaisquer obras que não sejam previamente autorizadas por escrito pelos Senhorios, e devidamente licenciadas que quando de beneficiação ou quando consideradas benfeitorias, ficam a fazer parte integrante do arrendado, sem direito a pagamento ou indemnização seja a que titulo ou natureza fôr.

Cláusula Quinta

Os inquilinos obrigam-se também, sob pena de indemnização a:

a) Com o termo do contrato abandonar o local deixando-o em bom estado de conservação como actualmente se encontra, funcionamento das instalações da rede de distribuição de água, electricidade, gás e esgotos, pagando à sua custa as reparações relativas a danificações.

b) Manter em bom estado as paredes, soalho e vidros.

Cláusula Sexta

O destino do arrendado é exclusivamente para habitação, não lhe podendo ser dado outro fim sob pena de resolução contratual.

Cláusula Sétima

O pagamento da água municipalizada, da energia eléctrica e saneamento básico, é da responsabilidade dos Segundos Outorgantes.

Cláusula Oitava

1. O Terceiro Outorgante, na qualidade de Fiador, procederá à respectiva renúncia do benefício de excussão prévia, assumindo de forma solidária, com os Segundos Outorgantes, o cumprimento estrito e pontual de todo o conteúdo versado no presente contrato de arrendamento.

2. Em conformidade com o no anterior, o fiador responderá ainda solidariamente por toda e qualquer alteração ou aditamento ao presente contrato.

3. No seguimento dos nos antecedentes, o seu conteúdo será válido, até à restituição do prédio objecto do presente contrato, livre quer de pessoas quer de bens.

4. Em tudo o que estiver omisso regulam as disposições legais aplicáveis.

_____

OS PRIMEIROS OUTORGANTES

O SEGUNDO OUTORGANTE

Traduction française d'un bail de location

Entre:_____ville
de_____, département du_____
(né à_____), état civil_____,carte
d'identité n°_____délivrée le_____
par la préfecture de _____, numéro d'identification
fiscale n°_____ et _____
commune de _____, département du
_____ (né(e) à _____), état
civil_____, carte d'identité n°_____
délivrée le _____ par la préfecture de
_____, identification fiscale n°_____,
tous les deux résidents à _____,
héritiers de _____, référence VATIN
de l'héritage n°_____ en tant que PREMIERE PARTIE et
PROPRIÉTAIRES et _____, état
civil_____, majeur, né à_____,
de nationalité_____, passeport
n°_____ délivré le _____ par
l'ambassade de _____ à _____,
identification fiscale n°_____ et _____
_____, état civil_____
commune de _____, département du
_____ carte d'identité n°_____
valide jusqu'en _____ délivrée par _____,
identification fiscale n°_____ tous deux résidents à
_____, en tant que SECONDE
PARTIE et LOCATAIRES et _____ état
civil_____, majeur, né à _____,
nationalité_____, carte d'identité
n°_____ valide jusqu'en _____,
délivrée par _____, identification fiscale

n°_____, résidant à _____

_____ en tant que TROISIEME PARTIE et GARANT, le contrat suivant de location se réalise en vertu des termes de l'article 1069 du Code Civil et selon les clauses suivantes:

Première Clause

Les personnes de la Première Partie sont les propriétaires légitimes de l'immeuble urbain résidentiel à _____, commune de _____, département du _____, enregistré au Cadastre de _____ sous le n°_____, sous l'article n°_____.

Seul Paragraphe: Immeuble construit avant le 7 août 1951, selon le certificat du Conseil de la Mairie de _____.

Deuxième clause

Par le présent contrat la Première Partie accorde la location à la Seconde Partie du-dit immeuble, inoccupé de biens ni de personnes de la période du _____jusqu'au _____, renouvelable automatiquement pour une période d'un an, si aucune des deux parties ne l'annule.

Seul Paragraphe – Dans le cas où la Première Partie vendrait l'immeuble, La seconde partie aura le droit de préférence sur le bien, pour la somme de _____ Euros si les 5 années de location sont déjà passées.

Troisième clause

Le prix établi devant être versé par la Seconde Partie à la Première a été déterminé par les deux parties de la façon suivante:

- Première année: 500 Euros (cinq cents euros) par mois, payables jusqu'au 8 de chaque mois, par virement bancaire au compte n°

  _____

- Deuxième année: 550 Euros (cinq cent cinquante euros) par mois, payables jusqu'au 8 de chaque mois, par virement bancaire, au compte n°

  _____

- Troisième année: 600 Euros (Six cents euros) par mois, payables jusqu'au 8 de chaque mois, par virement bancaire, au compte n°

  _____

- Quatrième et cinquième années: 640 Euros (six cent cinquante euros) par mois, payables jusqu'au 8 de chaque mois, par virement bancaire, au compte n°

  _____

Avec la signature du présent contrat, la Seconde Partie paie la somme de _____ Euros (_____euros).

Quatrième clause

- La Première Partie autorise la Seconde Partie à sous louer ou assigner en partie ou en entier, moyennant paiement ou gratuitement, le site loué.
- La Seconde Partie ne peut réaliser aucun travaux sans l'autorisation préalable des propriétaires et le permis de construire et ou de rénover avant de réaliser des changements conséquents: ces améliorations si accordées seront considérées comme partie intégrante de la location et ne seront aucunement payées ni compensées de quelque façon que ce soit.

Cinquième Clause

Les locataires s'engagent à, sous peine qu'une compensation leur soit imposée:

a) au terme du présent contrat, à quitter le domicile en bon état, tel qu'il est livré aujourd'hui, laissant les installations d'eau, électricité, gaz et égouts en parfait état, sans quoi ils devront réaliser à leurs frais toute réparation nécessaire.
b) entretenir le bon état des murs, sols et parquets

Sixième clause

La location de cet immeuble a pour seule fin la résidence principale et il ne lui sera donné aucun autre usage sous peine d'annulation de contrat.

Septième clause

Le paiement des factures d'eau, électricité et du tout à l'égout est à l'entière charge de la Seconde Partie.

Huitième clause

1. Le garant s'engage à être solidaire avec la Seconde Partie dans les versements stricts et ponctuels et tout autre engagement mis par écrit dans ce contrat de location et renonce au bénéfice de poursuites judiciaires antérieures.
2. Selon le paragraphe précédent, le garant devra répondre aussi de quelconque amendement ou modification apportée à ce contrat.
3. Selon les paragraphes précédents, le contenu du présent contrat sera valide jusqu'à la remise de l'immeuble couvert par ce contrat, libre de personnes et de biens.

Tous les détails non spécifiés sont régulés par la loi.

Le   _____

À   _____

PREMIÈRE PARTIE

DEUXIÈME PARTIE

Contrato de Arrendamento Urbano para fins Habitacionais e com Opção de Compra

Acrescentar ao contrato uma cláusula com o seguinte teor:

Cláusula Décima Segunda

O primeiro outorgante (senhorio) confere ao segundo outorgante (arrendatário) o direito de adquirir o imóvel objeto do presente contrato nos termos e condições constante do anexo 1 que dele faz parte integrante.

ANEXO 1

OPÇÃO DE COMPRA

1. O primeiro outorgante (senhorio) e o segundo outorgante (arrendatário) acordam que o preço de venda do imóvel objeto do presente contrato é de .... euros (por extenso).

2. Mais acordam que ao preço referido no número anterior serão deduzidas .... (percentagem) das rendas efetivamente pagas pelo segundo outorgante ao primeiro outorgante, no âmbito da vigência do contrato de arrendamento e que sejam devidas até à data do contrato de compra e venda.

3. O segundo outorgante poderá exercer o seu direito de opção de compra, nos termos referidos nos números anteriores, até cento e oitenta (180) dias antes da data do termo do contrato.

4. Caso o segundo outorgante não exerça o direito referido no número anterior, o contrato de arrendamento renovase por igual

período, sem prejuízo do direito de as partes se oporem à sua renovação, nos termos do disposto na lei.

5. Salvo acordo em contrário entre as partes, o não exercício do direito de opção de compra por parte do segundo outorgante, nos termos e condições referidos nos números anteriores, faz cessar o mesmo e, em consequência, fica sem efeito o disposto nos números um e dois deste anexo.

6. Sem prejuízo do disposto no número três, a opção de compra por parte do segundo outorgante poderá ser exercida a todo o tempo de vigência do presente contrato, mediante o envio de carta, por correio registado com aviso de receção, ao primeiro outorgante.

7. Caso o primeiro outorgante não cumpra com o acordado no presente anexo, não aceitando o exercício do direito de opção de compra nos termos definidos neste anexo e não comparecendo à celebração do contrato de compra e venda, é da sua responsabilidade devolver ao segundo outorgante a quantia de .... euros, correspondente a .... meses de renda, acrescida de juros de mora à taxa legal desde a data da comunicação do segundo outorgante até efetivo pagamento.

8. A marcação do contrato de compra e venda ficará a cargo do segundo outorgante, o qual deverá comunicar por escrito, em correio registado com aviso de receção, ao primeiro outorgante, o local, a data e a hora do referido contrato, com a antecedência mínima de oito dias da data agendada.

9. O imóvel objeto do presente contrato será vendido livre de quaisquer ónus e encargos.

10. São da responsabilidade do .... outorgante todas as despesas e encargos com a formalização do contrato devido pelo exercício do direito de opção de compra do imóvel

melhor descrito na cláusula...................., nomeadamente registos provisórios ou definitivos, Imposto Municipal sobre as Transmissões Onerosas (IMT), se a estes houver lugar, emolumentos notariais e toda a documentação

Feito em .... de .... de 2013, em duplicado, ficando um exemplar em poder de cada uma das partes.

Primeiro Outorgante

Segundo Outorgante

Contrat de location urbaine avec Option d'Achat

Ajouter au contrat la clause suivante

Douzième Clause

La première Partie …………………………………………….…...
(le Propriétaire) accorde à la Seconde Partie
……………………………....................... (le Locataire) le droit d'acquérir
la propriété objet du présent contrat sous les termes et conditions
précisés dans l'annexe 1 qui en fait partie.

ANNEXE 1

OPTION D'ACHAT

1. La Première Partie (le Propriétaire) et la Seconde Partie (le
   locataire) tombent d'accord sur le prix de vente de l'immeuble
   stipulé dans le présent contrat pour la somme totale de …………..
   ……………………………………………….Euros.

2. Les deux Parties s'accordent aussi pour établir que ……………
   …………………. % des sommes déjà versées jusqu'à la date de
   l'écriture de l'acte d'achat et de vente seront déductibles du prix
   d'achat spécifié ci-dessus.

3. La seconde Partie pourra utiliser l'option d'achat selon les termes
   ci-dessus cent quatre vingt jours(180) avant la date d'expiration
   du contrat.

4. Si la Seconde Partie n'exerce pas le droit exprimé dans le
   paragraphe précédent, le bail pourra être renouvelé sans préjudice
   au droit des deux parties de s'opposer au renouvellement comme
   prévu par la loi.

5. À moins que les deux parties ne se soient mises d'accord autrement, le non exercice à l'option du droit à l'achat par la seconde partie, selon les termes et conditions mentionnés dans les paragraphes précédents, l'accord touche à sa fin, annulant ainsi l'effet des paragraphes un et deux de cette annexe.

6. Sans préjudice au paragraphe 3, le droit à l'option d'achat par la Seconde Partie pourra être exercé à n'importe quel moment de la validité du contrat en envoyant une lettre recommandée avec accusé de réception à la Première Partie.

7. Si la Première Partie ne remplit pas sa part de l'accord selon les termes de cette annexe, n'acceptant pas que la Seconde Partie exerce le droit à l'option d'achat défini dans cette annexe et ne se présentant pas à la conclusion du contrat d'achat et vente, il est de sa responsabilité de rendre à la Seconde Partie la somme de _____ Euros, correspondant à _____ mois de loyer, plus intérêts selon le taux légal en vigueur depuis la date de communication du choix de la Seconde Partie jusqu'au paiement réel.

8. La planification du contrat d'achat sera à l'entière discrétion de la Seconde Partie, et sera notifiée par écrit, par lettre recommandée avec accusé de réception, envoyée à la Première partie avec le lieu, la date et l'heure du contrat, au moins huit jours avant la date du rendez-vous.

9. La propriété sujette à ce contrat sera vendue libre de tout lien et contrainte financière.

10. Toutes les dépenses et frais relatifs à la mise en place du contrat dû à l'exercice du droit à l'option d'achat de la propriété décrit dans la clause_____, incluant l'enregistrement permanent ou temporaire dans les registres, la Taxe Municipale de transmissions de biens (IMT), et s'il y a, les frais de notaire et

toute documentation nécessaire sont l'entière responsabilité de la_____Partie.

Fait le _____, en deux exemplaires, un exemplaire à la disposition de chaque Partie.

Première Partie

Seconde Partie

Contrato de Compra E Venda

PRIMEIRO

...

e

SEGUNDO

...

sobre a identificação das partes, vendedor e comprador, ver *"notas"* celebram entre si contrato de compra e venda, nos termos das cláusulas seguintes:

Primeira

Pelo preço de ... euros, que já recebeu e de que dá quitação, o PRIMEIRO vende ao SEGUNDO a fracção autónoma designada pela letra ..., correspondente a ..., do prédio urbano, sito em ..., freguesia de ..., concelho de ..., descrito na Conservatória do Registo Predial de ... sob o número ... da freguesia de ..., submetido ao regime da propriedade horizontal nos termos da inscrição F - ..., inscrito na matriz predial urbana sob o artigo ..., sendo de ... euros o valor patrimonial da fracção autónoma, que está registada a favor do vendedor pela inscrição G- ....

Segunda

A fracção autónoma é vendida livre de ónus ou encargos, ficando assegurado o cancelamento da hipoteca registada a favor de ... pela inscrição C - ....

Terceira

Para o prédio/para a fracção autónoma ora transmitida foi emitido pela Câmara Municipal de …, no dia …, o alvará de autorização de utilização no…. /O prédio foi inscrito na matriz em data anterior a 1951, não sendo exigível licença de utilização.

Quarta

O SEGUNDO aceita a venda, destinando a fracção adquirida a habitação própria permanente.

1. *O SEGUNDO aceita a venda, destinando a fracção adquirida a habitação própria permanente.*

2. *O Comprador utilizou no pagamento, a quantia de … euros, proveniente de conta "Poupança-Habitação", titulada em seu nome, e aberta há mais de um ano, junto do Banco ….*

Quinta

A ficha técnica do imóvel será entregue pelo PRIMEIRO   ao SEGUNDO no acto de autenticação do presente contrato.

Sexta

…   não exerceu o respectivo direito legal de preferência.

Sétima

No presente negócio interveio   F ...,   mediador imobiliário/ sociedade de mediação imobiliária, titular da   licença no.   ... / registado(a) no Instituto da Construção e do Imobiliário, I.P., sob o no. .... /As partes não recorreram a mediação imobiliária.

local: _____

data: _____

assinaturas: _____

TERMO DE AUTENTICAÇÃO

No dia … , em ….[i], perante mim, … [ii], compareceram:

> *sobre   a   identificação   das   partes   [vendedor e comprador], demais intervenientes e sobre a verificação da respectiva identidade, ver notas"*

que, para autenticação, me apresentaram o contrato de compra e venda anexo, declarando que já o leram/que estão perfeitamente inteirados do seu conteúdo, que exprime a sua vontade [e/ou a vontade do seu Representado].

E que, advertidos de que, nos termos do disposto no artigo 40.o da Lei n.o 15/2013, de 8 de fevereiro, o cliente de empresa de mediação imobiliária que omita a informação sobre a intervenção desta no contrato incorre na pena aplicável ao crime de desobediência previsto no art.o 348.o do Código Penal,   declararam ainda que, para a compra e venda,   recorreram a mediação imobiliária prestada por …, titular da licença n.o … /registado(a) no Instituto da Construção e do Imobiliário, I.P. sob o no. … / não recorreram a mediação imobiliária.

Verifiquei:

* a identidade das partes … e a qualidade e poderes para o presente acto … [iii];

* sobre a verificação da identidade das partes e demais intervenientes, ver notas"

- os elementos registrais da fracção autónoma transmitida por consulta da certidão permanente de registo predial, com o código de acesso n.o ... /por certidão do teor da descrição e das inscrições em vigor, emitida pela Conservatória ... , no dia ..., que exibiram;

- os elementos matriciais por consulta da caderneta predial ... /por caderneta predial/certidão do teor da inscrição matricial/ comprovativo da declaração para inscrição ou actualização da inscrição de prédios urbanos na matriz (modelo 1) emitido no dia ... , que exibiram;

Exibiram:

- alvará de autorização de utilização n.o ..., emitido para a fracção autónoma/para o prédio[iv] pela Câmara Municipal de ..., no dia/ certidão de escritura pública, da qual consta que para o prédio/para a fracção autónoma vendida[v], foi emitido pela Câmara Municipal de ..., no dia ... , o alvará de autorização de utilização n. o ... /caderneta predial emitida no dia ..., da qual consta que o imóvel foi inscrito na matriz em data anterior a 7 de Agosto 1951/certidão emitida pela ... no dia ..., comprovativa de que o prédio foi edificado antes de 7 de Agosto de 1951, pelo que a respectiva utilização não estava sujeita a licenciamento municipal];

- a ficha técnica da habitação[vi], neste acto entregue ao comprador

Ficam arquivados:

- documento único de cobrança do imposto municipal sobre as transmissões onerosas de imóveis n.o ... , no valor de ... , liquidado no dia … e pago no dia, e o extracto da declaração para a liquidação [vii];

- documento único de cobrança n.o … , comprovativo do pagamento do imposto do selo da verba 1.1 da tabela geral, no valor de …, liquidado no dia … e pago no dia … , e o extracto da declaração para a liquidação.

- declaração emitida pelo Banco … no dia, comprovativa de que o comprador utilizou na aquisição do imóvel o montante de …, proveniente da conta poupança-habitação que tem naquela instituição bancária, tendo respeitado o prazo contratual mínimo de um ano de imobilização [viii].

As partes foram advertidas da anulabilidade/ ineficácia do acto em relação a … por … [ix].

O presente termo de autenticação foi lido e explicado, em voz alta e na presença simultânea de todos os intervenientes

[assinaturas das partes, demais intervenientes[x] e da entidade autenticadora]

Contrato De Compra E Venda – Traduction française

Contrat d'achat et de vente

Entre la **Première Partie**

....

et la **Seconde Partie**

....

Pour l'identification des parties, le vendeur et l'acheteur célèbrent entre eux un contrat d'achat et de vente, selon les termes suivants:

Premièrement

Pour le prix de .... euros, somme déjà versée et reçue, la Première Partie vend à la Seconde Partie l'immeuble désigné sous la lettre ...., correspondant à ...., immeuble urbain situé à ...., commune de ...., municipalité de ...., décrite sur le Registre du Cadastre de ....
..... sous le numéro .... de la commune de ...., soumis au régime de la propriété horizontale selon les termes du formulaire F - ....
..........., enregistré au registre du cadastre urbain sous l'article ....
................................., sa valeur de patrimoine étant de ....
.... Euros, immeuble enregistré au nom du vendeur par le formulaire G ....

Deuxièmement

Le bien immeuble est vendu libre de tous liens ou droits de réserve, l'annulation de toute hypothèque par formulaire C ...., ayant été confirmée.

Troisièmement

Pour l'immeuble transmis aujourd'hui une autorisation d'utilisation n° .... /............................... à été délivrée par la ville de .... le .... L'immeuble ayant été enregistré à une date antérieure à 1951, un permis d'utilisation n'est pas exigé.

Quatrièmement

La Seconde Partie accepte la vente,destinant le bien ainsi acquis à être résidence permanente.

1. *La Seconde Partie accepte la vente, destinant la fraction acquise à être résidence permanente.*

2. *L'acheteur a versé la somme de .... Euros, à partir de son compte épargne logement, intitulé à son nom et ouvert depuis plus d'un an, à la banque ....*

Cinquièmement

Un dossier technique sur la propriété sera fourni par la Première Partie à la Seconde lors de l'authentification du présent contrat.

Sixièmement

.... n'a pas exercé le droit légal de retenue.

Septièmement

Dans cette affaire commerciale, F .... agent immobilier / entreprise de médiation immobilière, porteur de licence n°................./ enregistrée à l'Institut de Construction et de l'Immobilier, IP, sous le paragraphe .... / est intervenu. Les parties n'ont pas eu recourt à des maisons de courtage immobilier.

À: _____

Le: _____

Signatures: _____

CONDITIONS D'AUTHENTIFICATION

Le .... à .... sont comparu devant moi: ....

Pour l'identification des parties (vendeur et acheteur), et autres intervenants ainsi que la vérifications de leur identité respective.

Étant donné que pour des fins d'authentification, le contrat d'achat et de vente ci-joint m'a été présenté, que celui-ci a été lu/ que les Parties sont entièrement au fait de son contenu, et que celui-ci exprime leur volonté (et/ou celle des parties représentées)

Et ayant été mis en garde que, selon l'article 40 de la loi n°15/2013 du 8 février, le client d'une entreprise de médiation agence immobilière qui omet des informations directement liées à ce contrat est sujet à la même pénalisation applicable dans le cas d'un crime prévue par l'article 348 du Code Pénal, et ayant établi que pour la vente et achat, les Parties ont utilisé les services de _____, propriétaire de l'autorisation n°_____/_____ inscrite à l'Institut de Construction et de l'Immobilier, I.P. sous le n°_____/_____, et n'ont pas utilisé les services d'agent de courtage.

J'ai vérifié::

- L'identité des Parties .... et leurs qualités et pouvoirs dans ce contrat .... La vérification des Parties et identification des autres participants.

- Les éléments liés à l'enregistrement de l'immeuble transmis en consultant le certificat permanent du cadastre, N° d'accès .... / .... par le certificat mis-à-jour du Cadastre, délivré par le bureau de .... le ...., dûment présenté.

- Les éléments enregistrés en consultant la description légale .... / .... par description légale/ recherche de l'enregistrement par titre/ déclaration de demande ou amélioration de l'immeuble urbain sur le registre (modèle n°1), délivré le ...., dûment présenté.

Ont été présentés:

- Autorisation d'usage n° ...., délivrée pour l'immeuble par le Conseil Municipal de ...., le .... /.................

- Le certificat d'enregistrement, qui spécifie l'immeuble ou la part de l'immeuble vendue, délivré par le Conseil Municipal de ...., le ....

- Le certificat d'autorisation d'usage n°................., description légale délivrée le ...., précisant que la propriété ayant été inscrite avant le 7 Août 1951/ certificat délivré par .... le ...., prouvant que le bien fut construit avant le 7 Août 1951, et par conséquent que son utilisation n'est pas soumise à l'obtention d'un permis municipal.

Le dossier technique de la propriété immobilière, dans cet Acte remis à l'acheteur

Gardés dans le dossier:

- Document unique de collecte de taxe municipale sur le transfert immobilier n° ...., libéré le .... et payé le ....ainsi que la déclaration de libération:

- Document unique de collecte n° ...., prouvant le paiement de timbre fiscal des fonds 1.1 du tableau général, d'un montant de ...., libéré le .... et payé le ...., ainsi que la déclaration de libération.

- Relevé de compte délivré par la Banque .... le ....,
certifiant que l'acheteur a dépensé la somme de .... dans l'acquisition de la propriété, du compte d'épargne qu'il possède dans cette institution bancaire, ayant déjà rempli ses obligations contractuelles d'immobilisation bancaire minimale d'un an.

Les parties ont été prévenues de la nullité / inefficacité de l'Acte en relation avec .... par ....

Ces conditions d'authentification ont été lues et expliquées à voix haute en présence simultanée de chaque participant.

....

À................................   **Le**................................

{Signatures des parties, autres intervenants et de l'entité qui authentifie l'acte}

CONTRATO DE PERMUTA

PRIMEIRO

...

e

SEGUNDO

...

sobre a identificação das partes, ver "*notas*"

celebram entre si contrato de permuta, nos termos das cláusulas seguintes:

Primeira

Que são donos e legítimos possuidores:

- o PRIMEIRO da fracção autónoma designada pela letra ... , correspondente a ... , destinada a ... , do prédio urbano, sito em ... , na freguesia de ... , concelho de ... , descrito na Conservatória do Registo Predial de ... sob o número ... da freguesia de ... , submetido ao regime de propriedade horizontal nos termos da inscrição F - ... , registada a seu favor pela inscrição G - ... , inscrito na matriz predial urbana sob o artigo ... , com o valor patrimonial de ... euros, a que atribuem o valor de ... euros, e será designada IMÓVEL UM.

- o SEGUNDO de ... , a que atribuem o valor de ... euros, e será designado IMÓVEL DOIS.

Segunda

Sobre o IMÓVEL UM incide uma hipoteca a favor de ... , para garantia de empréstimo concedido ao PRIMEIRO, registada pela apresentação ... , cujo cancelamento está assegurado.

O IMÓVEL DOIS está livre de qualquer ónus ou encargo.

Terceira

Pelos valores acima atribuídos, o PRIMEIRO cede o IMÓVEL UM ao SEGUNDO, que em troca lhe dá o IMÓVEL DOIS e ... euros, em dinheiro, importância de que dá quitação.

Quarta

1. Para o prédio de que faz parte o IMÓVEL UM foi emitida em ... , pela Câmara Municipal de ... , a autorização de utilização no ... .

2. Para o IMÓVEL DOIS foi emitida em ... pela Câmara Municipal de ... , autorização de utilização no ... .

Quinta

As fichas técnicas dos imóveis permutadas serão entregues no acto de autenticação deste contrato.

Sexta
(Mediação imobiliária)

No presente negócio interveio F ... , mediador imobiliário/sociedade de mediação imobiliária, titular da licença n.o ... /registado(a) no Instituto da Construção e do Imobiliário, I.P., sob o n.o ... . /As partes não recorreram a mediação imobiliária.

Sétima

As Partes destinam os imóveis que acabam de adquirir a habitação própria permanente.

Local: _____

Data: _____

Assinaturas: _____

TERMO DE AUTENTICAÇÃO

No dia ... , em ....[xi], perante mim, ... [xii], compareceram:

sobre a identificação das partes, demais intervenientes e sobre a verificação da respectiva identidade, ver "*notas*"

que, para autenticação, me apresentaram o contrato de permuta anexo, declarando que já o leram/que estão perfeitamente inteirados do seu conteúdo, que exprime a sua vontade [e/ou a vontade do seu Representado].

E que, advertidos de, que nos termos do disposto no artigo 40.o da Lei n.o 15/2013, de 8 de fevereiro, o cliente de empresa de mediação imobiliária que omita a informação sobre a intervenção desta no contrato incorre na pena aplicável ao crime de desobediência previsto no art.o 348.o do Código Penal, declararam ainda que, para a permuta, recorreram a mediação imobiliária prestada por ... , titular da licença n.o ... /registado(a) no Instituto da Construção e do Imobiliário, I.P. sob o n.o ... / não recorreram a mediação imobiliária.

Verifiquei:

- a identidade das partes ... e a qualidade e poderes para o presente acto ... [xiii];

- sobre a verificação da identidade das partes e demais intervenientes, ver "notas"

- os elementos registrais de ... por consulta da certidão permanente de registo predial, com o código de acesso n.o ...

/por certidão do teor da descrição e das inscrições em vigor, emitida pela Conservatória ... , no dia ..., que exibiram;

os elementos matriciais de ... por consulta da caderneta predial ... /por caderneta predial/certidão do teor da inscrição matricial/ comprovativo da declaração para inscrição ou actualização da inscrição de prédios urbanos na matriz (modelo 1) emitido no dia ... , que exibiram;

Exibiram:

- alvará de autorização de utilização n.o ..., emitido para a fracção autónoma/para o prédio[xiv] pela Câmara Municipal de ..., no dia/ certidão de escritura pública, da qual consta que para o prédio/para a fracção autónoma permutada[xv], foi emitido pela Câmara Municipal de ..., no dia ... , o alvará de autorização de utilização n. o ... /caderneta predial emitida no dia ..., da qual consta que o imóvel foi inscrito na matriz em data anterior a 7 de Agosto 1951/certidão emitida pela ... no dia ..., comprovativa de que o prédio foi edificado antes de 7 de Agosto de 1951, pelo que a respectiva utilização não estava sujeita a licenciamento municipal;

- a ficha técnica da habitação[xvi], neste acto entregue a ... .

Ficam arquivados:

- documento único de cobrança do imposto municipal sobre as transmissões onerosas de imóveis n.o ... , no valor de ... , liquidado no dia ... e pago no dia, e o extracto da declaração para a liquidação [xvii];

- documento único de cobrança n.o ... , comprovativo do pagamento do imposto do selo da verba 1.1 da tabela geral, no valor de ..., liquidado no dia ... e pago no dia ... , e o extracto da declaração para a liquidação.

As partes foram advertidas da anulabilidade/ ineficácia do acto em relação a … por … [xviii].

O presente termo de autenticação foi lido e explicado, em voz alta e na presença simultânea de todos os intervenientes

[assinaturas das partes, demais intervenientes[xix] e da entidade autenticadora]

Contrato de Permuta – Traduction Française

CONTRAT D'ÉCHANGE

Première Partie

....

et

Seconde Partie

....

Les parties ainsi mentionnées, sont arrivées à l'accord d'un échange, selon les conditions suivantes:

Premièrement

• La Première Partie possède l'immeuble désigné sous la lettre ...., correspondant à ...., à l'usage de ...., immeuble urbain situé à ...., commune de ...., municipalité de ...., décrite sur le Registre du Cadastre de .... sous le numéro .... de la commune de ....,soumis au régime de la propriété horizontale selon les termes du formulaire F - ...., enregistré au registre du cadastre urbain sous l'article ...., sa valeur de patrimoine étant de .... Euros, immeuble enregistré au nom du vendeur par le formulaire G ...., la valeur qu'on lui accorde est de .... Euros, sera appelé par le présent contrat BIEN N°1.

• La Seconde Partie possède ...., bien auquel la valeur de .... Euros est accordée, désormais appelé BIEN N°2.

Deuxièmement

Sur le BIEN N°1 s'applique une hypothèque en faveur de .... pour garantie de prêt concédé à la Première Partie, enregistré par la présentation de ...., l'annulation de cette hypothèque est accordée.

Le BIEN N°2 est libre de tout lien et obligation.

Troisièmement

En accord avec les valeurs présentées ci-dessus, la Première Partie donne le BIEN N°1 à la Seconde Partie, qui en échange lui remet le BIEN N°2 et la somme de .... Euros en liquide, selon la valeur du bien.

Quatrièmement

1. Pour l'immeuble dont le BIEN N°1 fait partie le Conseil Municipal de .... a délivré le .... une autorisation d'usage n°........................... ....

2. Pour le BIEN N°2 le Conseil Municipal de .... a délivré le .... une autorisation d'usage n°..

Cinquièmement

Les dossiers techniques des propriétés échangées seront remis respectivement lors de l'authentification du présent contrat.

Sixièmement

(Service de courtage d'agent immobilier)

Lors des présentes négociations, ..., agent immobilier / société de médiation immobilière a participé, propriétaire de la licence n°......................../.......................... inscrite au registre de l'Institut de Construction et de l'Immobilier I.P sous le N°......................../ ....

Les Parties n'ont utilisé les services d'aucun agent de courtage immobilier.

Septièmement

Les Parties utiliseront les biens qu'elles achètent pour un objectif de résidence permanente.

À: _____

Le: _____

Signatures: _____

CONDITIONS D'AUTHENTIFICATION

Le _____ à _____ sont comparu devant moi:
_____

Étant donné que pour des fins d'authentification, le contrat d'échange ci-joint m'a été présenté, que celui-ci a été lu/ que les Parties sont entièrement au fait de son contenu, et que celui-ci exprime leur volonté (et/ou celle des parties représentées)

Et ayant été mis en garde que, selon l'article 40 de la loi n°15/2013 du 8 février, le client d'une entreprise de médiation agence immobilière qui omet des informations directement liées à ce contrat est sujet à la même pénalisation applicable dans le cas d'un crime prévue par l'article 348 du Code Pénal, et ayant établi que pour l'échange, les Parties ont utilisé les services de ...., propriétaire de l'autorisation n°........................ / .... inscrite à l'Institut de Construction et de l'Immobilier, I.P. sous le n°...................... / ...., et n'ont pas utilisé les services d'agent de courtage.

J'ai vérifié:

- L'identité des Parties .... et leurs qualités et pouvoirs dans ce contrat ....

- Les éléments liés à l'enregistrement des immeubles en consultant le certificat permanent du cadastre, N° d'accès .... /.............. par le certificat mis-à-jour du Cadastre, délivré par le bureau de .... le ...., dûment présenté.

- Les éléments enregistrés en consultant la description légale .... /.............. par description légale/ recherche de l'enregistrement par titre/ déclaration de demande ou amélioration de l'immeuble urbain sur le registre (modèle n°1), délivré le ...., dûment présenté.

Ont été présentés:

- Autorisation d'usage n°......, délivrée pour l'immeuble par le Conseil Municipal de ...…., le ..... /……

- Le certificat d'enregistrement, qui spécifie l'immeuble ou la part de l'immeuble vendue, délivré par le Conseil Municipal de …………......, le …………….....

- Le certificat d'autorisation d'usage n°……………....., description légale délivrée le ……………....., précisant que la propriété ayant été inscrite avant le 7 Août 1951/ certificat délivré par ……………... le ……………....., prouvant que le bien fut construit avant le 7 Août 1951, et par conséquent que son utilisation n'est pas soumise à l'obtention d'un permis municipal.

- Le dossier technique de la propriété immobilière, dans cet Acte remis à ……………...

Gardés dans le dossier:

- Document unique de collecte de taxe municipale sur le transfert immobilier n°......................, libéré le .... et payé le .... ainsi que la déclaration de libération:

- Document unique de collecte n°......................, prouvant le paiement de timbre fiscal des fonds 1.1 du tableau général, d'un montant de ...., libéré le .... et payé le ...., ainsi que la déclaration de libération.

- Les parties ont été prévenues de la nullité / inefficacité de l'Acte en relation avec .... par ....

- Ces conditions d'authentification ont été lues et expliquées à voix haute en présence simultanée de chaque participant.

{Signatures des parties, autres intervenants et de l'entité qui authentifie l'acte}

CONTRATO DE PROMESSA DE COMPRA E VENDA

ENTRE:

……... (nome), natural de ……......., contribuinte fiscal no. …….......
e …….......... natural de ……............, contribuinte fiscal no. …….......,
casados no regime de comunhão de adquiridos, residentes em
…….................., ambos como **Vendedores**;

E

……… (nome), solteiro, maior, natural de …., contribuinte no
…….........., residente na ……., adiante designado por **Comprador**,

**É mutuamente acordado e aceite o presente contrato de compra
e venda, nos termos e cláusulas seguintes:**

Cláusula 1.ª

Os **Vendedores** são proprietários de um conjunto de máquinas
destinadas à indústria de restauração, devidamente descritas e
identificadas na lista anexa ao presente contrato, dele fazendo parte
integrante.

Cláusula 2.ª

Pelo presente contrato, os **Vendedores** vendem ao **Comprador**,
que por sua vez lhes compra, livres de quaisquer ónus, encargos ou
responsabilidades, as referidas máquinas de restauração.

Cláusula 3.ª

1. O preço da compra e venda é de €. …….. (……… de euros), pagos da seguinte forma:

   a) €. …….. (……..de euros) na data da celebração do presente contrato;

   b) €……. (….de euros), ou seja, a parte restante, deverá ser paga em prestações mensais de €: ………(……de euros), durante os próximos doze meses, ou seja de ….. a ……… inclusive.

Cláusula 4.ª

A presente venda é feita com reserva de propriedade para os vendedores até que o preço se encontre integralmente pago, não obstante as referidas máquinas terem sido entregues na presente data ao **Comprador**.

Cláusula 5.ª

As prestações mensais referidas na cláusula 3.ª b) deverão ser entregues até ao quinto dia útil de cada mês na residência dos **Vendedores**.

Cláusula 6.ª

1. As partes desde já acordam que o **Comprador** entrará de imediato em mora se se atrasar no pagamento de qualquer uma das prestações dentro do prazo acima estabelecido, devendo, neste caso, entregar a prestação em falta acrescida de mais 50% até ao vencimento da próxima prestação.

2. Se se encontrarem em falta prestações que excedam 1/8 do preço total, os **Vendedores** deverão estabelecer um limite máximo para o cumprimento das mesmas, acrescidos dos 50%

acima referidos, informando o **Comprador** por carta registada com aviso de recepção desse novo prazo.

3. Se após o vencimento do novo prazo estabelecido o **Comprador** continuar em falta, o presente considera-se automaticamente resolvido.

4. Caso se verifique a situação prevista no número anterior, o **Comprador** deverá devolver, no prazo máximo de 48 horas, todas as máquinas objecto do presente contrato, sendo responsável pela sua entrega na residência dos **Vendedores** em perfeito estado de conservação.

O presente contrato rege-se, em tudo o que for omisso, pela lei portuguesa, nomeadamente por todas as disposições do Código Civil e demais legislação aplicável.

Feito e assinado em Lisboa, em ..... de .... de......, em dois exemplares iguais, entregues a cada uma das Partes.

Os Vendedores

_____

O Comprador

_____

Contrato de Promessa de Compra e Venda –
Contrat de promesse d'achat et de vente

ENTRE:

(Nom) ...., né à ...., numéro de contribuable n°........................... et ...., née à ...., mariés sous le régime de la communauté réduite aux acquêts, résidents à ...., tous les deux **Vendeurs**:

ET

(Nom) ...., célibataire, majeur, né à ...., numéro de contribuable n°..........................., résident à ...., désigné **Acheteur**.

Ce contrat d'achat et vente est résultat d'un consentement mutuel et est accepté selon les conditions suivantes:

1ère Clause

Les **Vendeurs** possèdent un set de machines destinées à l'industrie de la restauration. La liste descriptive d'identification est jointe à ce contrat.

2me Clause

En conformité avec ce contrat, les Vendeurs vendent à **l'Acheteur** les machines susmentionnées libres de tout lien, charge ou responsabilité.

3me Clause

1. Le prix d'achat et de vente est de .... Euros, à payer selon les dispositions suivantes:

   a) .... Euros au moment de la signature du présent contrat

   b) .... Euros, soit la partie restante sera versée de façon mensuelle, la somme de .... Euros sur douze mois, de .... à ....

4me Clause

Cette vente se fait sous la condition que le prix accordé soit entièrement payé aux Vendeurs, en dépit du fait que les machines susmentionnées ont déjà été livrées à ce jour à l'**Acheteur.**

5me Clause

Les versements mensuels spécifiés dans la 3me clause seront remis jusqu'au 5me jour ouvrable de chaque mois à la résidence des **Vendeurs.**

6me Clause

1. Les Parties sont d'accord pour que dans le cas où l'Acheteur prenne du retard dans ses paiements dans les limites de la date butoir fixée, il devra verser les sommes dues plus 50% avant la date du prochain versement.

2. Si un quelconque versement qui représente plus d'un huitième du prix total, devait être fait, les Vendeurs devront établir une limite maximale pour l'infraction de ces règles, plus les 50% susmentionnés, en informant l'**Acheteur** par lettre recommandée avec accusé de réception des nouvelles dates butoir.

3. Si après qu'une nouvelle date butoir ait été fixée, l'**Acheteur** ne régularise pas la situation, ce contrat sera considéré automatiquement comme nul et non avenu.

4. Dans le cas où la situation décrite ci-dessus devrait s'avérer réelle, l'Acheteur devra rendre dans les 48 heures, toutes les machines dont parle ce contrat, seul responsable de leur livraison à la résidence des Vendeurs, en parfait état de conservation.

Ce contrat est soumis à la loi portugaise, dans tout ce qui est omis, précisément selon les dispositions du Code Civil et toute autre législation applicable.

Établi et signé à Lisbonne, le ...., en deux exemplaires, un pour chaque Partie.

Les Vendeurs

_____

L'Acheteur

_____

CASA SIMPLES CASA SEGURA

casasimples
casasegura

Perguntas & Respostas

1. O que é a "Casa Simples - Casa Segura"?

A "Casa Segura" consiste num **atendimento personalizado e altamente qualificado**, sem balcões, com boas instalações e adequada tecnologia de ponta, onde é possível realizar todas as operações relativas a contratos, nomeadamente à compra e venda de casa, com ou sem empréstimo, num único local: o cartório notarial.

O seu notário, que é um **jurista, profissional imparcial e com qualificação de excelência, está sempre presente na celebração de contratos, que são redigidos um a um, à medida dos seus interesses; o notário protege todas as partes envolvidas.**

Este procedimento "Casa Segura" foi desenvolvido pela Ordem dos Notários tendo em vista a **prestação de serviços cada vez mais eficientes aos cidadãos e às empresas.**

Consulte o sítio *http://www.notarios.pt*

Na "Casa Segura" é possível:

a) obter **conselho jurídico** desde o início da contratação (contrato-promessa), **imparcial** e em defesa de todos os intervenientes no negócio,

b) obter a caderneta predial gratuita,

c) obter uma certidão predial permanente gratuita,

d) obter uma certidão comercial permanente,

e) obter certidões do registo civil (de óbito, de casamento e de nascimento),

f) obter, em geral, todos os documentos necessários à formalização do contrato,

g) celebrar contratos,

h) realizar imediatamente todos os registos, com um desconto de 20% (via on line),

i) **pagar impostos e cumprir obrigações fiscais,** nomeadamente:

1 - o imposto do selo e o IMT,
(e, com a sua senha das declarações electrónicas:)
2 - pedir a isenção de pagamento do Imposto Municipal sobre Imóveis (IMI),
3 - pedir a alteração da morada fiscal,
4 - apresentar a declaração Modelo 1 do IMI (inscrição ou a actualização de prédio urbano na matriz),
5 - apresentar a Modelo 1 do imposto de selo (IS) - relação de bens.

2. Onde funciona a Casa Segura?

Na **rede** de cartórios notariais, a **única com cobertura a nível nacional.**

3. Posso utilizar a Casa Segura para qualquer imóvel ou sociedade, em qualquer ponto do País?

Sim.

4.   Para que tipo de negócios posso utilizar a Casa Segura?

Para todos (prédios, empresas e automóveis), nomeadamente:

a) Contratos-promessa;
b) Compra e venda, com ou sem empréstimo;
c) Divisões de coisa comum e permutas;
d) Empréstimos bancários e respectivas transferências;
e) Hipotecas;
f) Locações financeiras e respectivas cessões de posição contratual;
g) Testamentos, habilitações e partilhas por óbito e por divórcio;
h) Repúdios e renúncias de herança;
i) Constituições e renúncias ao direito de usufruto;
j) Doações;
k) Justificações;
l) Constituições e alterações de propriedade horizontal;
m) Constituições de direitos reais, como servidões ou direito de superfície;
n) Registo predial on line, com 20% de desconto;
o) Convenções antenupciais;
p) Arrendamentos, trespasses e locações de estabelecimentos comerciais e industriais;
q) Contratos de trabalho;
r) Constituições de sociedades de todos os tipos;
s) Alterações de pacto social, aumentos e reduções de capital;
t) Cessões de quotas e acções;
u) Fusões e cisões de sociedades;
v) Dissoluções e liquidações de sociedades;
w) Constituições de associações e fundações e respectivas alterações.
x) Registo comercial on line, com 50% de desconto;
y) Registo automóvel on line, com 50% de desconto.

5. Para que outro tipo de situações posso utilizar a Casa Segura?

a) **Para me certificar de que o vendedor tem todos os documentos em ordem;** o mediador imobiliário ou o técnico oficial de contas podem indicar-me um notário a quem recorrer antes de pagar qualquer sinal.

b) Para **ver certificados quaisquer factos que o notário presencie, os quais fazem prova plena de certos acontecimentos, até em tribunal; um certificado pode fazer a diferença, pode evitar um processo judicial ou torná-lo mais rápido.**

Exemplos:

- certificado dos bens que compõem o recheio de uma casa em determinada data,
- o que ficou depois de um assalto,
- o conteúdo de um cofre,
- o estado de uma obra,
- que uma casa tem humidades,
- que mudaram a fechadura da sua porta.

c) Para **tratar de um caso transfronteiriço.**

Exemplos:

- habilitação de uma pessoa de nacionalidade francesa, com aplicação da lei francesa,
- partilha de bens de um cidadão russo que deixou bens em Portugal e em Espanha,
- alteração dos estatutos de uma sociedade italiana,
- cessão de uma quota de uma sociedade alemã,
- procuração para um belga vender bens localizados Malta.

Os notários de Portugal fazem parte da Rede Notarial Europeia (RNE), composta por um delegado sediado em cada um dos países da UE. Visite o sítio:

http://www.cnue-nouvelles.be/en/reseau-notarial-europeen-en/001/index.html

O **delegado da RNE em Portugal** é a notária

Professora Doutora Ana Luísa Balmori Padesca
Ordem dos Notários
Travessa da Trindade, 16-2oC
1200-469 Lisboa
Tel : +351-213468176
Fax : +351-213468178
E-mail : internacional@notarios.pt

A referida delgada portuguesa da RNE podem ser consultada por qualquer cidadão, entidade ou empresa sobre a lei portuguesa ou leis europeias; neste último caso, a delegada contacta com o delegado do país europeu em causa e transmite a informação assim obtida a quem a solicitou.

Só o documento feito por notário (autêntico) circula livremente em todos os países da EU.

6. Posso utilizar a Casa Segura para qualquer imóvel, independentemente da sua localização territorial?

Sim. O notário pode celebrar escrituras de quaisquer imóveis ou empresas, aqueles localizados, independentemente da localização do imóvel ou da sede da empresa.

7. Posso utilizar a Casa Segura se pedir um financiamento ao banco para a compra de casa? E se não pedir?

Posso utilizar em ambas as situações.

8. Quanto custa utilizar a Casa Segura? É mais barato que seguir o procedimento "normal"?

O notário é retribuído nos termos de tabela aprovada pelo Ministério da Justiça.

Os honorários do notário são calculados com base no custo efectivo do serviço prestado, tendo em consideração a natureza dos actos e a sua complexidade.

O notário deve proceder com moderação, tendo em vista, designadamente, o tempo gasto, a dificuldade do assunto, a importância do serviço prestado e o contexto sócioeconómico dos interessados.

O acompanhamento da contratação pelo notário permite que o utente escolha o caminho fiscalmente mais favorável, uma redução de custos com os registos predial, comercial e automóvel e poupar no processo de obtenção de documentos.

Nos custos finais, a Casa Segura é a única que lhe permite verdadeiramente poupar quantias avultadas, pelo que é muito mais barata do que a Casa Pronta das conservatórias ou qualquer outro balcão único.

9. Que vantagens tenho em utilizar a Casa Segura?

a.) A Casa Segura é um procedimento realizado através de um notário, jurista altamente especializado, que presta conselho jurídico desde o início do processo, nomeadamente em colaboração com a instituição de crédito que intervenha no contrato, e aponta o caminho mais favorável ao utente, naquele caso concreto, nomeadamente em matéria fiscal.

b.) O notário é um profissional imparcial, que protege todas as partes envolvidas num negócio; só o notário é que faz escrituras: se o seu notário assinou, o seu contrato está garantido.

c.) Todas as operações se fazem num único local, o cartório, evitando-se deslocações, filas, senhas e esperas; o sistema informático também é seguro e de capacidade adequada aos respectivos fins.

    i) A Casa Segura permite fazer num único momento o contrato e o respectivo registo.

    ii) O notário pode liquidar o imposto sobre as transmissões onerosas de imóveis (IMT), o imposto do selo (IS), e, a solicitação do utente e com a respectiva senha das declarações electrónicas, que o notário também pode solicitar, o notário pode ainda pedir a isenção de pagamento do Imposto Municipal sobre Imóveis (IMI), a alteração da morada fiscal, pode apresentar relações de bens (heranças – Modelo 1 do IS) e ainda a declaração Modelo 1 do IMI (inscrição ou a actualização de prédio urbano na matriz).

    iii) Nesta última situação, não se torna necessário solicitar as plantas do imóvel à câmara municipal, porque é o notário que o faz e as envia ao serviço de finanças.

d.) É um processo simplificado, com menos formalidades; deixa de ser necessário ir à conservatória, porque o negócio jurídico é celebrado perante o notário, que imediatamente procede à realização do registo. Deixa, ainda, de ser necessário:

    i) Obter junto da conservatória do registo predial uma certidão do prédio antes de celebrar uma escritura pública, porque o notário requisita no início do processo uma certidão predial on line, permanentemente actualizada;

ii) Obter na conservatória do registo comercial, uma certidão de registo comercial- quando o interveniente seja uma pessoa colectiva -, porque o notário tem acesso à base de dados do registo comercial, em tempo real, com o código da respectiva certidão permanente;

iii) Obter na conservatória do registo civil certidões de óbito, casamento ou nascimento, porque o notário trata desse assunto directamente;

iv) Obter na repartição de finanças a caderneta predial, porque o notário tem acesso à base de dados das cadernetas prediais;

v) Obter na câmara municipal uma certidão da licença de habitação, porque o notário trata desse assunto directamente.

e.)   O preço é mais barato.
O notário é retribuído nos termos de tabela aprovada pelo Ministério da Justiça.

Os honorários do notário são calculados com base no custo efectivo do serviço prestado, tendo em consideração a natureza dos actos e a sua complexidade.

O notário deve proceder com moderação, tendo em vista, designadamente, o tempo gasto, a dificuldade do assunto, a importância do serviço prestado e o contexto sócioeconómico dos interessados.

O acompanhamento da contratação pelo notário permite que o utente escolha o caminho fiscalmente mais favorável, uma redução de custos com os registos predial, comercial e automóvel e poupar no processo de obtenção de documentos.

Nos custos finais, a Casa Segura é a única que lhe permite verdadeiramente poupar quantias avultadas, pelo que é muito mais barata do que a Casa Pronta das conservatórias ou qualquer outro balcão único.

f)   Posso **proceder logo ao cumprimento de obrigações fiscais,** após a aquisição de um imóvel: apresentar o pedido de isenção do IMI, apresentar a declaração Modelo 1 do IMI (inscrição ou a actualização de prédio urbano na matriz), e apresentar o pedido de alteração da morada fiscal.

g)   **Posso proceder logo ao cumprimento de obrigações fiscais**, após a habilitação de herdeiros: apresentar a Modelo 1 do imposto de selo (IS) - relação de bens.

10. Posso marcar um dia para ir ao notário celebrar o contrato?

Sim. Pode telefonar ou enviar um email para os contactos que constam em   *http://www.notarios.pt/OrdemNotarios/PT/PesquisaNotarios/* ou marcar pessoalmente **junto de um qualquer cartório mais próximo de si. O banco que tratar do financiamento também pode fazer a marcação prévia por via electrónica.**

Também é possível utilizar a **Casa Segura sem realizar qualquer marcação prévia,** mas, mesmo nesse caso, não é imposto um modelo de contrato pré-aprovado.

11. O notário também trata do direito de preferência?

Sim. O vendedor deixa de ter de se relacionar com várias entidades públicas diferentes (por ex. o IGESPAR, I.P., municípios, etc.) para transmitir a informação necessária ao exercício do direito de preferência por várias vias diferentes e formas diferentes. **Basta contactar o notário.**

12. Na Casa Segura estou dispensado de ir ao IGESPAR, I.P. e/ou à câmara para saber se querem exercer o direito de preferência?

Sim. Estes actos passam a ser tratados pelo notário. Depois tem que esperar 10 dias úteis, que é o prazo que as entidades com direito legal de preferência têm para manifestar a intenção de exercer esse direito.

13. Que documentos devo levar para celebrar contratos na Casa Segura?

Os documentos de identificação e os cartões de contribuintes dos vendedores e dos Compradores, os respectivos regimes de bens, se casados, e as moradas. Sempre que o prédio tenha ficha técnica, é preciso levá-la.

Se tiver uma escritura pública de uma transacção anterior do mesmo imóvel onde esteja referida a existência de licença de utilização, ou a sua dispensa, devo levá-la.

Se, no meu caso, forem necessários outros documentos, serei informado disso pelo notário, pessoalmente, por email ou pelo telefone.

14. Preciso de ir à câmara municipal para obter uma certidão da licença de habitação e levá-la para a compra e venda na Casa Segura?

Não. O notário trata disso por si.

15. Tenho de pagar o IMT nas finanças antes de fazer a compra e venda através da Casa Segura?

Não. Pode ser feito no cartório.

16. Tenho de pagar antes nas finanças o imposto de selo para poder utilizar a Casa Segura?

Não. Pode ser feito no cartório.

17. Quando se celebra o contrato na Casa Segura quanto tempo demora a realização dos registos?

É imediata. Assinado o contrato, não tenho que me deslocar novamente à conservatoria para pedir os registos. **O notário requisita-os on line, com 20% de desconto.**

18. Se quiser mudar a minha morada fiscal para a nova casa que acabei de comprar na Casa Segura tenho de ir às finanças?

Não. Posso fazê-lo na Casa Segura.

19. Se quiser pedir dispensa de pagamento de IMI depois de comprar uma casa na Casa Segura tenho de ir às finanças?

Não. Posso fazê-lo no cartório.

20. Depois de comprar uma casa na Casa Segura tenho de ir à câmara recolher as plantas (telas finais) da casa para as entregar nas finanças?

Não. O notário assegura a recolha dessas plantas e o seu envio para as finanças. O interessado deixa em qualquer caso de ser onerado com essa obrigação.

21. Depois de comprar uma casa na Casa Segura tenho de ir às finanças pedir uma caderneta actualizada em meu nome?

Não. Logo que disponível na base de dados, o notário recolhe-a e envia-a gratuitamente por correio ou para o seu email.

22. Só a Casa Segura me dá segurança?

Sim. Nos sistemas que recorrem à contratação sem recurso a notário **um quarto das transacções resultam de falsas declarações, de hipotecas falsas e de bens inexistentes (de acordo com as estatísticas do FBI, de Janeiro de 2009).**

É este o sistema que o actual executivo quer adoptar em Portugal. Será que o quer para si?

**SÓ SE O SEU NOTÁRIO ASSINOU
É QUE O SEU DIREITO ESTÁ GARANTIDO.**

Casa Simples Casa Segura – Maison simple et sûre – Traduction française

Questions & Réponses

1. 1. Qu'est ce que « Casa Simples-Casa Segura »?

« Casa Segura » est un service personnalisé hautement qualifié, sans restrictions, doté de bonnes installations et de technologie haut-de-gamme, à partir duquel il est possible de réaliser toutes les opérations en relation avec les contrats, précisément l'achat et la vente de maisons avec ou sans prêt, en un mot: un service notarial.

Son notaire, un juriste professionnel et impartial avec d'excellentes qualifications, sera présent lors de la célébration des contrats adaptés à votre intérêt, le notaire protège toutes les parties concernées.

La procédure « Casa Segura » a été développée par le Notaire de Droit Civil afin d'obtenir de meilleurs services pour les citoyens et les entreprises.

Veuillez consulter le site web *http://www.notarios.pt*

Par le moyen de « Casa Segura », il est possible de:

a)   recevoir des conseils légaux impartiaux dès le début de la démarche, c'est-à-dire depuis la promesse de contrat, dans l'intérêt de toutes les parties concernées par l'affaire,

b)   recevoir gratuitement la Description légale, un certificat d'enregistrement permanent de la propriété, un certificat commercial permanent, obtenir un certificat du registre civil (décès, mariage et naissance), obtenir, de façon générale, tous les documents nécessaires pour formaliser et célébrer le contrat, procéder immédiatement à l'enregistrement de celui-ci, et payer les impôts, les taxes et remplir toute obligation fiscale, avec une remise de 20% (en ligne), précisément:

  - timbre fiscal et taxe sur la propriété
    (avec un code pour les déclarations électroniques)
  - demander l'exemption fiscale de la taxe sur la propriété
  - solliciter la modification de l'adresse fiscale
  - montrerladéclarationduModèlen°1delataxesurlapropriété
    (inscription ou mise à jour sur la matrice de l'immeuble urbain)
  - • présenter le Modèle n°1 du timbre fiscal- les biens

2. Où « Casa Segura » exerce-t-elle?

Les seuls à couvrir tous le pays de leurs services sont les Notaires de Droit Civil.

3. Puis-je utiliser les services de « Casa Segura » dans n'importe quel bureau ou société n'importe où dans le pays?

Oui

4. Pour quel type d'affaire puis-je utiliser « Casa Segura »?

Pour tout (immeubles, entreprises, voitures), exactement:

  a) Promesse d'achat
  b) Achat et Vente, avec ou sans prêt

c) Division et échange de biens courants
d) Prêts bancaires et transferts
e) Hypothèques
f) Bail financier et assignation respective de leur position contractuelle
g) Testaments, qualifications et parts par décès et mariage
h) Refus d'héritage
i) Constitution et refus au droit à l'usufruit
j) Donation
k) Justifications
l) Constitution et altération à la propriété horizontale
m) Constitution de droits réels comme servitude d'accès et de surface
n) Enregistrement au cadastre en ligne avec une remise de 20%
o) Contrat prénuptial
p) Loyers, clientèle, bail d'établissement commercial et industriel
q) Contrat de travail
r) Constitutions de société en tous genres
s) Changement de Pacte social, augmentation et diminution de capital
t) Cession de quotas et de parts
u) Fusion et division corporative
v) Dissolution et Liquidation d'entreprise
w) Constitution et Amendement d'associations et de fondations
x) Enregistrement commercial en ligne avec remise de 50%
y) Enregistrement automobile en ligne avec remise de 50%

5.   5. Dans quels cas dois-je utiliser « Casa Segura »?

Pour s'assurer que le vendeur a tous les documents en ordre, l'agent immobilier ou le commissaire aux comptes peut suggérer un notaire pour vérifier que tout est réglementaire avant le paiement.

Pour voir les certificats de quoi que ce soit pour lesquels un notaire a été témoin, car ceux-ci sont la preuve légale d'un événement, jusqu'à ce que l'affaire soit portée devant un tribunal: un certificat peut faire un grande différence, éviter des poursuites judiciaires ou accélérer un procès.

Exemples:

Le certificat de biens meubles, c 'est à dire des meubles et des effets du ménage qui restent après un cambriolage, le contenu d'un coffre-fort, l'état d'un travail, que la maison est humide ou que les verrous ont été changés.

Troisièmement, pour traiter un cas frontalier.

Exemple:

Qualifications d'un personne de nationalité Française avec application de la Loi Française, partage de biens d'un citoyen Russe qui a laissé des biens au Portugal et en Espagne, changement de statut d'une société italienne, cession d'un quota d'une société allemande, procuration pour un Belge pour vendre des biens ou marchandises situés à Malte.

Les notaires du Portugal font partie des Notaires Européens, un délégué de cette union sera présent dans chaque pays de l'Union Européenne. Veuillez visiter le site web: *http://www.cnue-nouvelles.be/en/reseau-notarial-europeen-en/001/index.html*

Le délégué des Notaires Européens au Portugal est le suivant:

Docteur Professeur Ana Luísa Balmoro Padesca
Notaire de Droit Civil
Travessa da Trindade, 16-2°C
1200-469 Lisbonne
Tel: +351-213468176
Fax: +351-213468178
Email: internacional@notarios.pt

Le délégué portugais des Notaires d'Europe susmentionné est à la disposition de chaque citoyen, entité ou entreprise soumis à la Loi Portugaise ou aux Lois Européennes; dans ce cas là, le délégué contactera le délégué du pays Européen concerné et transmettra les informations obtenues par la personne qui a fait la demande.

Seul le document authentique fait par le notaire circulera librement dans tous les pays de l'Union Européenne.

6.   Puis-je utiliser les services de n'importe quel bureau de « Casa Segura », indépendamment de sa localisation?

Oui. Le notaire peut achever les démarches légales de n'importe quel bien immobilier ou entreprise, indépendamment de la localisation de son bureau ou du siège de l'entreprise.

7.   7. Puis-je utiliser les services de « Casa Segura » si je fais la demande d'un prêt bancaire pour payer la maison ? Et si je ne demande pas de prêt?

Je peux, dans les deux cas.

8.   8. Combien cela coûte-il d'utiliser « Casa Segura » ? Est ce moins cher que la procédure habituelle?

Le Notaire est rémunéré selon les termes de la charte approuvée par le Ministère de la Justice.

Les frais du notaire sont calculés à partir des coûts des services fournis en tenant compte de la nature des actes et de leur complexité.

Le notaire doit agir avec précaution, gardant à l'esprit le temps passé, la difficulté du sujet, l'importance des démarches et le contexte socio-économique des parties intéressées.

Lorsqu'on charge le notaire de la gestion de l'affaire, celui-ci choisira le sentier fiscal le plus avantageux, il obtiendra des réductions de coûts auprès du cadastre et des bureaux de registre automobile et commercial, si bien que l'obtention de documents sera aussi moins longue ou moins compliquée.

En fin de compte, « Casa Segura » est le seul moyen d'économiser une somme considérable, moins cher que les bureaux de« Casa Pronta » ou autres.

9.   9. Quels sont les avantages à utiliser « Casa Segura »?

« Casa Segura » procède par le moyen d'un notaire, un juriste hautement qualifié, qui fournit des conseils juridiques dès le début de la procédure, précisément en collaboration avec l'institution de crédit qui intervient dans le contrat. Celui-ci indique au porteur la façon la plus facile d'aboutir dans son cas spécifique, et le conseille quant aux affaires fiscales.

Le notaire est un professionnel impartial qui protège toutes les parties concernées dans l'affaire commerciale, seul le notaire rédige les actes: si votre notaire signe, vos contrats sont garantis.

Toutes les opérations se font en un seul endroit, le bureau d'enregistrement- on évite ainsi les changements de lieu, les longues files d'attente, les codes et les attentes; de plus le système informatique y est sûr et sa capacité suffisamment large pour les objectifs visés.

« Casa Segura » permet de réaliser simultanément le contrat et l'enregistrement de celui-ci.

Le notaire peut liquider les taxes foncières, les timbres fiscaux, et la demande du porteur avec les codes respectifs des déclarations électroniques-le notaire peut aussi en faire la demande- Le notaire peut même demander l'exemption de la taxe municipale sur la propriété, changer l'adresse de la taxe, présenter les relations de biens(héritage Modèle n°1 du timbre fiscal) et même la déclaration

Modèle n°1 des taxes municipales sur la propriété (inscription ou mise à jour de la matrice d'un immeuble urbain).

Dans la dernière situation, ce n'est pas nécessaire de faire la demande à la mairie des plans de propriété parce que le Notaire s'en charge et les envoie aussi à Finanças.

C'est une procédure simple comportant moins de démarches; il n'est plus nécessaire d'aller à l'endroit du registre puisque l'affaire légale est célébrée devant le notaire qui procède immédiatement à l'enregistrement.

Les étapes suivantes ne seront désormais plus nécessaires:

Obtenir au Cadastre le certificat de construction avant de procéder à l'écriture publique puisque, au début de la procédure, le Notaire fait une demande en ligne de certificat de construction à jour;

Obtenir au registre commercial un certificat commercial- lorsque l'intervenant est une collectivité- parce que le notaire a accès à la base de données au registre permanent commercial en temps réel avec les codes respectifs;

Obtenir au registre d'état civil les certificats de décès, mariage ou de naissance car le notaire traite l'affaire directement;

Obtenir au service du Trésor Public le cahier des charges étant donné que le notaire possède l'accès direct à la base de données des cahiers des charges;

Obtenir auprès du Conseil Municipal un certificat d'autorisation d'habitation parce que le notaire s'occupe directement de cette affaire.

Le prix est moins élevé.

Le Notaire est rémunéré selon les termes de la charte approuvée par le Ministère de Justice.

Les frais de notaires sont calculés selon les coûts des services fournis en tenant compte de la nature des actes et de leur complexité.

Le notaire doit agir avec précaution, gardant à l'esprit le temps passé, la difficulté du sujet, l'importance des démarches et le contexte socio-économique des parties intéressées.

Lorsqu'on charge le notaire de la gestion de l'affaire, celui-ci choisira le sentier fiscal le plus avantageux, il obtiendra des réductions de coûts avec le cadastre et les bureaux de registre automobile et commercial, si bien que l'obtention de document sera aussi moins longue ou compliquée.

En fin de compte, « Casa Segura » est le seul moyen d'économiser une somme considérable, moins cher que les bureaux de« Casa Pronta » ou autres.

Après l'acquisition d'un bien immeuble, je peux m'acquitter sur le champs de mes obligations fiscales: soumettre la demande d'exemption de la taxe sur la propriété municipale, présenter le Modèle n°1 de la Taxe sur la propriété municipale (inscription et mise à jour de la matrice de l'immeuble urbain) et montrer la demande pour le changement d'adresse fiscale.

Je peux aussi m'acquitter sur le champs de mes obligations fiscales en tant qu'héritier- timbre fiscal Modèle n°1-relation de biens.

10. Puis je prendre rendez-vous n'importe quel jour pour établir le contrat chez le notaire?

Oui. Vous pouvez appeler ou envoyer un mail à l'un des contacts inclus sur la liste de *http://www.notarios.pt/OrdemNotarios/PT/PesquisaNotarios/* ou prendre un rendez-vous personnel au bureau d'enregistrement le plus proche. La banque qui se chargera du prêt peut aussi prendre un rendez-vous par moyen électronique. Il est aussi possible de s'y présenter sans rendez-vous mais même dans ce cas là un contrat pré-approuvé ne sera pas obligatoire.

11. Le notaire s'occupe aussi du droit préférentiel?

Oui. Le vendeur n'a pas besoin de prendre contact avec diverses entités (Municipalités, IGESPAR, etc) pour transmettre l'information nécessaire pour exercer le droit préférentiel de toutes les façons possibles et imaginables. Adressez vous juste au Notaire.

12. Par « Casa Segura » suis-je libéré de mon obligation d'aller à IGESPAR, I.P et / ou au Conseil Municipal m'enquérir sur leur choix d'exercer leur droit préférentiel?

Oui. Toutes ces démarches seront assumées par le notaire. Vous avez ensuite une date limite de 10 jours pour manifester le droit légal de préférence.

13. Quels documents dois-je porter pour établir un contrat avec « Casa Segura »?

Votre carte d'identité, déclaration d'impôts, celles des vendeurs et des acheteurs, s'ils sont mariés leur gestion de biens et adresses. Si l'immeuble possède une fiche technique, munissez vous en.

Si vous possédez un acte d'un antérieure transaction sur la même propriété où on mentionnerait l'existence d'une autorisation ou d'une annulation de dette, vous devez aussi l'emporter. Si dans votre cas, d'autres documents vous étaient exigés, vous serez informé par le notaire en personne, par téléphone ou par mail.

14. Ai-je besoin d'obtenir un certificat d'autorisation de logement auprès du Conseil Municipal pour acheter ou vendre par « Casa Segura »?

Non, le notaire se charge de cela pour vous.

15. Dois -je payer les Taxes Municipales sur la propriété avant d'acheter ou de vendre par « Casa Segura »?

Non. Cela peut se faire depuis le bureau.

16. Dois-je payer le timbre fiscal avant d'utiliser « Casa Segura »?

Non, on peut le faire au bureau d'enregistrement.

17. Une fois que le contrat est établi par « Casa Segura », combien de temps avant l'enregistrement?

C'est immédiat. Une fois le contrat signé, vous n'avez pas besoin de retourner au bureau pour l'enregistrement. Le notaire en fait la demande en ligne, avec une ristourne de 20%.

18. Si je souhaite modifier mon adresse fiscale vers la nouvelle maison que j'ai acheté par « Casa Segura », dois-je me présenter au Service des Finances?

Non, vous pouvez le faire sur place.

19. Si je veux faire la demande d'exemption du paiement de la taxe Municipale sur la propriété après avoir acheté une maison par « Casa segura », dois-je me présenter au service des Finances?

Non, vous pouvez faire la demande depuis le bureau d'enregistrement.

20. Après l'achat d'une maison avec « Casa Segura », dois-je récupérer les plans de la maison auprès du Conseil Municipal pour le fournir au service des Finances?

Non, le notaire s'assure de récupérer ces plans et de les envoyer au service des Finances. L'intéressé n'a pas à s'inquiéter.

21. Après l'achat d'une maison avec « Casa Segura », dois-je récupérer la brochure mise à jour en mon nom auprès du service des Finances?

Non. Dès que la mise à jour sera disponible dans la base de données, le notaire vous l'enverra par la poste ou par mail.

22. Seule « Casa Segura » m'assure la sécurité de la transaction?

Oui. Selon les statistiques du FBI de janvier 2009, dans le cas où le contrat n'est pas fait devant notaire, un quart des transactions finissent en fausses déclarations, fausses hypothèques et listes de biens non existants.

23. Voici le système que l'homme d'affaire actuel souhaite au Portugal. Et vous?

SI VOTRE NOTAIRE L'A SIGNÉ ALORS VOTRE DROIT EST GARANTI

ÉTAPE N°7

REPRÉSENTATION LÉGALE

Lorsque vous aurez décidé de faire une offre pour une propriété, avant de réaliser l'offre, assurez vous de trouver un avocat (Advogado pour un homme, Advogada pour une femme)

En ce qui concerne la représentation légale au Portugal, si vous n'êtes pas vraiment au courant des démarches, si vous ne parlez pas le portugais ou si personne ne peut vous représenter sur place, il vaut mieux embaucher un avocat. (En Australie, en Amérique et au Royaume Unis, en anglais, on utilise plusieurs termes -solicitor, lawyer, barrister).

Un avocat est légalement responsable de tous les conseils qu'il vous donne pour l'achat de votre bien immobilier et de toutes les actions qu'il réalise dans la démarche.

Les frais de l'avocat sont contrôlés par l'**Ordem dos Advogados**, et vous pouvez faire plus de recherches à travers eux si nécessaire.

Votre avocat vous donne les instructions et vous aide à arriver à un accord sur les termes des contrats lorsque vous achetez une propriété, il peut aussi mettre en place un contrat selon les conditions de l'acheteur. Vous pouvez établir un contrat pour un seul paiement ou bien pour plusieurs, avec ou sans l'aide d'une banque.

Par exemple, au moment où j'ai acheté ma propriété à Figueira da Foz, je n'avais pas l'entière somme en liquide selon l'offre que j'avais faite. Mon avocat a donc écrit sur mon contrat que j'allais verser la somme en trois fois, les deux premiers versements seraient de 20 000 Euros chacun, et le troisième de 25 000 Euros, sommes qui seraient versées sur une période de six mois.

Durant cette période de six mois, j'ai pu obtenir l'argent plus rapidement que prévu et j'ai pu m'acquitter des sommes dues en trois mois au lieu de six.

Je n'ai pas utilisé les services d'une banque pour acquérir la propriété, de plus, juste pour information, aucune banque australienne (que je sache) ne voulait me prêter de l'argent pour acheter une propriété à l'étranger.

Pour en revenir à mon contrat, comme je devais retourner en Australie pour travailler avant la signature du contrat, j'ai signé une procuration pour que mon avocat puisse agir en ma faveur, ainsi mon avocat put signer à ma place, une fois que le propriétaire eut accepté et signé mon offre.

Comme le propriétaire vivait à ce moment là au Luxembourg, cela lui prit un certain temps pour signer l'ensemble des documents, en fait elle dut aussi choisir quelqu'un pour la représenter au Portugal; dans son cas ce fut le propriétaire de l'agence immobilière par le moyen de qui j'achetai le bien.

Site web et annuaire de tous les avocats du Portugal;

https://www.oa.pt/CD/Servicos/PesqAdvogados/pesquisa_adv.aspx?sidc=31634&idc=5&idsc=31897

ÉTAPE N°8

NUMÉRO D'IDENTIFICATION FISCALE

Numéro de dossier fiscal

La plupart des portugais ont déjà un Numéro d'Identification fiscale; les étrangers et non résidents en obtiendront un.

Un Numéro Fiscal (connu sous le nom de **Numero Fiscal de Contribuinte**) s'obtient auprès d'un bureau local du Trésor Public. Dans mon cas , ce fut plus facile d'en faire la demande au Trésor Public de la région où j'ai acheté mon bien.

Le bureau de Figueira da Foz fut très arrangeant dans ma démarche, j'ai aussi eu l'aide et les conseils de mon avocat, et cela ne me coûta rien.

Votre Numéro Fiscal s'utilise sur tous les documents en rapport avec l'achat de la propriété et le paiement des taxes au Conseil Régional (connu sous le nom de **Camara** en portugais).

Si vous achetez une propriété entre deux partenaires ou plus, ou en tant que couple marié, chaque personne doit obtenir son numéro fiscal sinon le service des impôts n'acceptera pas le transfert des taxes, impôts ou timbres fiscaux en rapport avec la propriété.

Vous ne pouvez obtenir un numéro fiscal par internet; vous devez vous présenter au bureau afin d'en avoir un, car ils doivent vérifier physiquement votre identité. Cependant, cela peut être fait par votre représentant légal, votre avocat par exemple, qui à son tour, sera responsable des informations qu'il fournira à Findanças.

Pour faire la demande vous devez fournir n'importe quelle pièce d'identité ayant une photo de vous, telle votre permis de conduire, votre passeport, votre carte d'identité.

Une fois que vous aurez porté ces documents, on vous remettra un numéro fiscal imprimé. Ensuite vous pourrez vous enregistrer en ligne sur:

https://www.portaldasfinancas.gov.pt/pt/home.action

Sous deux jours, vous recevrez un code qui vous permettra de vérifier vos impôts en ligne. Vous recevrez aussi par la poste dans les 7 à 14 jours une carte avec votre identifiant fiscal. Si vous n'avez pas d'adresse de résidence au Portugal, vous pouvez utiliser l'adresse de votre avocat.

Pour toute autre information dont vous auriez besoin ou aimeriez solliciter, vous pouvez aller en ligne sur le site web Finanças suivant, vous y trouverez l'explication du système fiscal portugais:

http://info.portaldasfinancas.gov.pt/pt/docs/Conteudos_1pagina/ NEWS_Portuguese_Tax_System.htm

Au Portugal, on dit parfois aux étrangers qu'ils ont besoin d'un représentant fiscal pour obtenir un Numéro d'identification fiscale, pour la somme de 250 Euros environs. Ceci est faux; obtenir un numéro d'identification fiscale est entièrement gratuit.

Votre avocat ou votre agent immobilier peuvent vous aider dans cette démarche. Vous aurez besoin de fournir, si vous êtes étranger, votre numéro de dossier fiscal de votre pays d'origine **(avec les documents de votre pays de résidence; par exemple, vos fiches de paie des trois derniers mois, (en Australie, votre numéro d'identification fiscale y est mentionné) et vos déclarations d'impôts des trois dernières années)**

Numero de Identificacao Fiscal –
Pessoa singular – Ficha de Inscricao

Demande de numéro d'identification fiscale, personne seule, fiche d'inscription- Traduction française par numéro

1. Nom
2. Résident
3. Chiffre résidence
    1. Rue
    2. Numéro
    3. Étage
    4. Lieu
    5. Département
    6. Commune
    7. Code postal
    8. Parents
    9. Région, Territoire
    10. Téléphone
    11. Mail
4. Lieu de Naissance
    1. Département
    2. Commune
    3. Parents

5. Nationalité
    1. Portugaise
    2. Autre
6. Date de naissance
7. Sexe
    1. Féminin
    2. Masculin
8. Papiers d'identité
    1. Ticket d'identification
    2. Certificat de naissance
    3. Passeport
    4. Autre
9. Identifiant du représentant
    1. Numéro Fiscal
    2. Nom
    3. Signature du Représentant
10. Détails et signatures des officiers du service Finanças

On demande parfois que tant le demandeur comme votre représentant légal déclarent sur l'honneur que tout ce qui est déclaré est vrai et correct et que tous les deux signent.

Instrucoes Para o Preenchimento

O preenchimento da presente ficha destina-se à inscriçäo, para atribuiçâo do número de identificaçâo fiscal de pessoa singular, a que se encontrarn obrigadas nomeadamente todas as pessoas singulares com rendimentos sujeitos a imposto. ainda que dele isentos.

- Preencher esta ficha de acordo com os dados constantes do DOCUMENTO DE IDENTIFICAÇÄO (BILHETE DE IDENTIDADE, CÉDULA PESSOAL, PASSAPORTE OU OUTRO) E USANDO LETRAS MAIÚSCULAS (A, B, C, ... Z).

- Para os residentes todos os campos, excepto 3.9, 3.10, 3.11 e quadro 9, são de preenchimento obrigatório.

- Pode ser entregue em qualquer Serviço de Finanças ou Serviço de Apoio ao Contribuinte.

QUADRO 3 - Como domicilio fiscal entende-se o local da residência habitual (n° 1 do art° 19° da L.G.T). Tratando-se de não residente deve ser indicada a morada no país da residência. considerando-se, todavia domiciliado na residéncia do representante.

No campo 3.9 deve ser ainda mencionada a região ou território, se constar da lista aprovada pela Portaria no. 1272/2001, de 9 de Novembro.

QUADRO 4 - Se nasceu no estrangeiro. indique somente o país. Se nasceu em Portugal preencha apenas o concelho e freguesia.

QUADRO 9 - Este quadro destina-se a designar, nos termos do art.° 130° do CIRS, urna pessoa singular ou colectiva com residência em Portugal para o representar perante a Direcção-Geral dos Impostos.

NOTE BEM - O DUPLICADO desta ficha fica em poder do contribuinte que o utilizará como prova da sua entrega.

* A gestão do processamento de dados compete à Direcção de Serviços de Cadastro da DGCI - Apartado 8143- 1802 -001 LISBOA

* Todos os dados destinam-se a recolha informática, com excepção dos averbados no quadro 8 (Documento de Identificação)

Instructions pour remplir la demande
de numéro d'identification fiscale
traduction française

Le numéro d'identification fiscale (NIF) est le numéro qui identifie les contribuables individuels au Portugal, il est désigné par le Directeur Général des Impôts et Contributions.

C'est une carte qui identifie le citoyen contribuable devant l'administration fiscale.

Les citoyens peuvent acheter la fiche de demande au moyen du Portail des Finances ou dans les bureaux DGCI des citoyens.

La demande est gratuite et le NIF sera assigné immédiatement sous présentation de preuve d'identité.

N'importe quel citoyen portugais , membre de la communauté ou personne étrangère résidant ou travaillant au Portugal peut demander un NIF.

Si vous n'êtes pas résident, vous devez désigner un représentant fiscal. Vous devrez solliciter le document auprès du DGCI, avec une pièce d'identité valable (Passeport ou carte nationale d'identité) et remplir les formulaires appropriés.

Le NIF peut aussi être sollicité par un représentant fiscal à condition de fournir une procuration pour cet objectif avec un document d'identité, dûment authentifié par la partie représentée.

Après que les documents soient présentés et l'identité vérifiée, on vous délivrera un NIF puis une carte NIF vous sera envoyée ou bien à la personne à qui vous aurez fait une procuration, vous devrez en confirmer l'enregistrement à l'adresse donnée.

ÉTAPE N°9

LA PROCURATION

Les responsabilités légales dont votre avocat se charge sont remplies à coup sûr.

Si vous êtes Portugais et que vous travaillez ou voyagez à l'étranger pour plus de 3 mois, assurez vous de faire une procuration sur votre propriété en faveur de votre avocat ou de quelqu'un en qui vous avez confiance, afin que toutes vos obligations légales soient remplies pendant votre absence du pays.

Si vous êtes un étranger qui ne réside pas au Portugal, vous devrez aussi vous assurer de donner procuration à votre avocat sur votre bien immobilier.

En bref, cela signifie qu'il ou elle veillera à ce que toutes les responsabilités légales en rapport avec votre propriété soient remplies. Par exemple, votre avocat vous contactera pour vous demander de payer la taxe à la Camara (Conseil général), vos factures d'eau et d'électricité, etc.

Votre avocat prendra soin de tout de qui a un lien avec votre bien immobilier et vous informera de vos diverses obligations envers la propriété, et il vous aidera à vous en acquitter adéquatement.

Assurez vous d'indiquer clairement à votre avocat les responsabilités que vous attendez qu'il endosse. Ne lui donnez pas pleins pouvoirs (comme celui de vendre le bien, sauf si vous l'avez mis en vente), seulement le droit d'agir à votre place en ce qui concerne l'entretien du bien et ses frais (par exemple l'eau, l'électricité, le gaz, les taxes et les assurances).

Ce sera la même chose si vous chargez un ami ou un membre de votre famille d'agir à votre place pendant votre absence pour tout ce qui a un rapport avec votre bien immobilier.

Il existe bien sûr une alternative, vous pouvez mettre en place un prélèvement automatique avec votre banque pour payer toutes les factures et frais de votre bien immobilier de façon automatique; de cette façon vous ne dépendrez de personne, sauf peut-être de quelqu'un qui passe de temps en temps pour s'assurer que tout va bien chez vous pendant que vous n'êtes pas au Portugal.

ÉTAPE N° 10

LE NOTAIRE

*La troisième partie concernée qui lie
les deux premières parties par les termes
et conditions du contrat de vente.*

Voici le moment où le vendeur et l'acheteur tombent d'accord pour établir un contrat de vente; le Notaire est la troisième partie qui signe le contrat et lie désormais les deux premières parties dans un accord.

Les frais sont environs de 30 Euros pour la signature du contrat.

L'enregistrement du contrat coûte approximativement 289 Euros.

Liste des documents nécessaires à la vente ou l'achat d'un bien immobilier au Portugal.

1. Carte d'identité ou passeport des vendeurs et acheteurs.
2. Certificat commercial , carte d'identité du représentant légal, Pacte de Société (pour les entreprises)
3. Numéro d'identification Fiscale (voir page 113)
4. Procuration et pièce d'identité du procurateur s'il y a (un procurateur est une personne habilitée à agir au nom d'une autre)
5. Carnet du cadastre ou certificat du contenu d'article
6. Certificat de description et enregistrement du contenu effectif (ou code d'accès)
7. Autorisation d'utilisation en cas de propriété urbaine ou certificat de dispense si le bien a été construit avant le 7 août 1957
8. Preuve de paiement des Timbres fiscaux et Taxe Municipale (IMT)
9. Description technique de la propriété (constructions postérieures à 2004)
10. Certificat énergétique (L'agent immobilier ou le vendeur vous le fourniront).

N.B. Au moment de la rédaction de ce livre, toute l'information est vraie et correcte.

ÉTAPE N°11

DROITS DE RÉTENTION &
HYPOTHÈQUES SUR LA PROPRIÉTÉ

Votre avocat vérifiera que le bien immobilier est libre de tout droit de rétention et d'hypothèque afin qu'il n'y ait aucune restriction légale importante sur cette propriété.

Vous pouvez aussi vous occuper tout cela tout seul en passant par les différents services tels qu'ils sont répertoriés dans l'étape n°4 concernant les ventes aux enchères, voir page 15.

Par exemple; ma propriété de Figueira da Foz était sujette à un droit de rétention et à deux hypothèques sur la maison et les taux d'intérêts sur les sommes d'argents dues étaient si élevés que le propriétaire ne pourrait pratiquement pas faire de bénéfices sur la vente.

À tel point que, une fois que mon avocat eut payé les hypothèques et le droit de rétention (apparemment le propriétaire devait 5 000 Euros à l'agent immobilier) le propriétaire n'obtint finalement que 5 000 Euros.

Ce fut bien triste; la majeure partie de la vente du bien servit à rembourser les hypothèques et les intérêts, du fait de ses retards de paiement.

Mon avocat s'est assuré de ce que tout l'argent que je devais verser aille directement rembourser droits et hypothèques, avant de donner le reste à l'agent immobilier et à l'ancien propriétaire.

Il s'est aussi chargé d'empêcher qu'aucun autre prêt ne soit accordé avant que la propriété ne soit mise à mon nom, me donnant ainsi la possession légitime.

ÉTAPE N°12

ÉCHANGE DE DEVISES ÉTRANGÈRES

Comment envoyer votre argent à l'étranger

Pour la plupart des gens, transférer une somme d'argent à l'étranger peut être assez intimidant. Lorsque j'ai acheté ma propriété au Portugal, j'ai fait faire un transfert international par ma banque australienne en pensant que c'était la meilleure méthode. J'ai appris depuis que ce n'est pas le cas.

J'ai perdu au change du Dollar Australien AUD vers l'Euro, des milliers de dollars pour être précis, parce que j'ai utilisé la méthode de transfert par ma banque.

Depuis, j'ai fait des recherches et trouvé plusieurs façons de gagner au change un maximum en passant des AUD à l'Euro.

Le meilleur moyen que j'ai trouvé dans mon cas fut le Foreign Currency Exchange (FC Exchange). Cela a coûté 20 dollars AUD pour que ma banque envoie mon argent en dollars australiens à FC Exchange, où à leur tour, ils ont converti mes dollars en Euros.

FC Exchange a effectué la conversion à un taux bien plus intéressant que celui que ma banque aurait appliqué. À ce moment là, j'ai par ce moyen économisé pas moins de 500 AUD.

La première fois que j' ai envoyé de l'argent par FC Exchange, j'étais angoissée à l'idée qu'ils puissent me voler mon argent et j'imaginais que je n'allais jamais plus en voir la couleur. Maintenant je ris chaque fois que j'en envoie.

FC Exchange demande 15 AUD pour convertir l'argent et ils l'envoient sur le compte bancaire à votre nom. Cela prend normalement entre 3 et 5 jours de transférer de l'argent à FC Exchange au Royaume-unis puis de le mettre sur le compte que vous aurez nommé. Habituellement, une fois que FC Exchange a reçu l'argent, ils le virent le jour même.

Dans les derniers 12 à 18 mois, j'ai déplacé environs 100 000 AUD vers le Portugal et je n'ai jamais eu un seul problème avec FC Exchange.

Information à propos de Foreign Currency Exchange Company;

Addresse: FC Exchange | 10th Floor | 88 Wood Street | London | EC2V 7RS

Numéros de Contact:

T: +44 (0)20 7989 0000
Fax: +44 (0)20 7989 9999

page web: *www.fcexchange.co.uk*

FC Exchange est le nom commercial de Foreign Currency Exchange Limited.(entreprise d'échange de devises étrangères)

Foreign Currency Exchange Limited est une entreprise a responsabilité limitée inscrite en Angleterre et au pays de Galles.

Bureau officiel: 88 Wood Street, 10th floor, London, EC2V 7RS.

Numéro officiel: 5452483.

Foreign Currency Exchange Limited a reçu l'autorisation des Autorités des Services Financiers (N° 511266) sous les conditions de services de paiements 2009 quant à la provision de services de paiements.

H M Customs & Excise MLR No.12215508.

Veuillez noter que Foreign Currency Exchange Limited gère la circulation de données électroniques, de mails et de leurs contenus pour des objectifs de sûreté et de formation du personnel.

Ce que vous devrez envoyer à FC Exchange pour vous enregistrer en tant que client;

- bulletins de salaire – Copies des 10 derniers mois
- Relevés de Banque – Des 3 derniers mois
- Passeport- Photocopie
- Permis de Conduire- Photocopie

Une fois que Foreign Currency aura en main propre tout ceci, vous recevrez un mail qui ressemblera à peu près à ceci;

* * *

Madame, Mademoiselle, Monsieur_____,

J'ai le plaisir de vous confirmer que votre compte commercial avec Foreign Currency Exchange a été ouvert avec succès. Afin d'activer le compte, les normes de blanchiment d'agent exigent que nous recevions une pièce d'identité photographique (par exemple une copie de la page photo de votre passeport ou de votre permis de conduire) et une preuve d'adresse physique (telle une facture courante sauf de service internet ou une relevé de compte de moins de 3 mois). Veuillez donc poster ou scanner et envoyer celui-ci par mail à *info@fcexchange.co.uk*

Je me fais un plaisir de vous souhaiter la bienvenue en confirmant les détails de références du compte client:

Code références Client

Votre Agent de change FCE:

Foreign Currency Exchange se dépense à fond pour fournir à ses clients des prix compétitifs et notre équipe d'agents de change passionnés prendra le temps de comprendre vos demandes en matière de devises.

Il vous est maintenant possible d'acheter des devises. Rappelez vous que votre agent de change ne peut réserver un taux de change sans votre commande. Une fois vos instructions reçues, on vous enverra immédiatement un contrat confirmant l'affaire par mail, fax ou par la poste. Il est aussi important de se souvenir que votre devise est achetée sur un marché en public et donc l'achat ne peut être changé ou annulé et doit se fixer selon les conditions de contrat pertinentes.

Il vous sera demandé de régler vos affaires commerciales par transfert de fonds sur votre Compte Client Foreign

Currency Exchange, dont vous trouverez les détails sur le contrat et ci-dessous. Vous pouvez aussi transférer des fonds avant l'exécution d'une affaire commerciale et verser l'argent quand vous le souhaitez. Joignez chaque fois votre unique référence client quand vous transférez des fonds, cela permet d'identifier rapidement vos sommes. Si vous choisissez de régler depuis un compte bancaire autre que celui à votre nom, prévenez nous afin d'éviter tout retard.

Intitulé de Compte banque:	**FC Exchange AUD Compte Client**	Veuillez donner à votre les instructions suivantes:
Banque:	**Barclays Bank**	
Branch:	**93 Baker Street London W1A 4SD**	**« Ne pas devise »**
Compte n°:	**GB46 BARC 2006 0558 0373 33**	Ceci peut être dans la référence le champ réservé instructions paiement
Code d'identification de la banque:	**BARCGB22**	
Référence:	**Votre référence Client n°**	

*Veuillez prendre note du fait que les détails fournis pour ce compte sont spécifiquement pour des versements vers ce compte en **AUD**. Si vous avez besoin d'un compte différent pour réaliser un paiement dans une autre devise, veuillez nous contacter au **08007834313** ou au **+44(0)2079890000**. Le montant indiqué sur la confirmation est le même montant envoyé par Foreign Currency Exchange. Certaines banques prélèvent des frais d'envoi ou de réception mineurs; si cela arrivait, adressez vous directement à votre banque et utilisez notre bon de confirmation comme preuve de versement complet de fonds.*

Très cordialement
Directeur du fonctionnement

FCExchange | 10thFloor | 88WoodStreet | London | EC2V7RS
Tel: +44 (0)20 7989 0000 | Fax: +44 (0)20 7989 9999

NOUS NE SOMMES PAS UNE BANQUE. Visitez notre page web et découvrez qui nous sommes: *www.fcexchange.co.uk*

FC Exchange est le nom commercial de Foreign Currency Exchange Limited.(entreprise d'échange de devises étrangères)Foreign Currency Exchange Limited est une entreprise à responsabilité limitée inscrite en Angleterre et au pays de Galles. Bureau officiel: 88 Wood Street, 10th floor, London, EC2V7RS Numéro officiel: 5452483 Foreign Currency Exchange Limited a reçu l'autorisation des Autorités des Services Financiers (N° 511266) sous les conditions de services de paiements 2009 quant à la provision de services de paiements. H M Customs & Excise MLR No.12215508. Veuillez noter que Foreign Currency Exchange Limited gère la circulation de données électroniques, de mails et de leurs contenus pour des objectifs de sûreté et de formation du personnel.

Ce message contient des informations confidentielles et n'est envoyé qu'à **VOTRE ADRESSE MAIL**. Si vous n'êtes pas **VOTRE ADRESSE MAIL**, vous devriez pas diffuser, distribuer ou copier ce mail. Veuillez en informer *atl@fcexchange.co.uk* immédiatement par mail si vous avez reçu ce mail par erreur et l'effacer de votre système. Le transmission par mail ne peut être garantie libre de toute erreur étant donné que l'information peut être interceptée, corrompue, perdue, détruite, arriver en retard ou de façon incomplète, ou encore contenir des virus. Pour cette raison ni Foreign Currency Exchange ni Amber Loan ne se font responsables d'erreurs ou d'omissions du contenu de ce message, dû à la transmission du mail. Si une vérification est nécessaire, demandez en une copie en support papier. Ni Foreign Currency Exchange Limited ni aucun de ses employés n'offrent de conseils financiers, les clients ne doivent s'appuyer que sur leur propre expertise et sont les seuls responsables de leurs décisions commerciales. Le point de vue et opinions de ce mail sont ceux de l'envoyeur et ne représentent nullement le point de vue et opinions de Foreign Currency Exchange Limited.

* * *

Une fois reçu ce courrier, vous pouvez envoyer l'argent sur votre compte FC Exchange. Attention, assurez vous d'envoyer l'argent en dollars australien ou dans la devise de votre pays.

Lorsque la somme a été reçue par FC Exchange, ils vous enverront un mail, confirmant la réception de votre argent.

Dans ce mail, vous trouverez des instructions à propos de l'endroit où vous souhaitez envoyer la devise que vous aurez acheté; par exemple, j'ai envoyé des AUD et je voulais les convertir en Euros.

* * *

Cher Votre Nom,

Merci d'avoir réservé votre transaction chez FC Exchange, vous trouverez la confirmation en PDF en pièce jointe. Le taux de change pour cette transaction a été fixé et sera appliqué selon le contrat.

Maintenant, que faire ? (Si vous ne l'avez pas déjà fait):

1.   Faites votre paiement à FC Exchange

La confirmation PDF en pièce jointe contient les détails du compte bancaire du client (annoté « settlement instructions »c'est-à-dire instructions de règlement) où vous devez envoyer l'argent. Les fonds compensables devraient nous être envoyés avant la date de règlement précisée sur la confirmation ci-jointe. Les paiements en retard pourront être pénalisés. Tous les paiements qui nous parviennent doivent être versés par virement électronique car nous n'acceptons ni liquide ni chèque.

2.   Précisez à FC Exchange où envoyer les devises que vous avez achetées

Veuillez fournir à FC Exchange vos instructions de paiements PAR AVANCE en se connectant sur le site ci-dessous, le site de paiement sécurisé. Le code suivant sera nécessaire : **Code n°**. (Soyez prudent avec ce code). *www. securefcexchangepayments.com*

Ceci nous permet de recevoir vos instructions rapidement et de façon sécurisée. Le site fournit des astuces pour aider à accomplir la tache mais si vous souhaitez recevoir le formulaire sous un autre format ou nous soumettre quelque affaire, contactez nous au 020 7989 0000. Veuillez envoyez toute requête concernant un paiement par mail à l'adresse suivante: *payments@fcexchange.co.uk*

Les clients mandatent qu'aucun paiement ne sera effectué jusqu'à ce que nous ayons reçu un formulaire d'instruction de paiement FC Exchange dûment rempli, le client se doit de le remplir correctement, lisiblement et entièrement. Nous n'acceptons aucune responsabilité si le client envoie un formulaire d'instruction de paiement mal rempli, incomplet ou illisible.

À moins d'avoir besoin de recevoir vos instructions préalables de paiement, ne répondez pas à ce mail puisque son seul objectif est d'incarner la trace légale de ce contrat. Si vous ne pouvez ouvrir la pièce jointe, veuillez nous en informer immédiatement et nous vous l'enverrons sous un format différent.

Cordialement
Agent de change FX

FC Exchange | Salisbury House | Finsbury Circus | London | EC2M 5QQ | UK

Tel: +44 (0)20 7989 0000 | Fax: +44 (0)20 7989 9999 |
site web: fcexchange.co.uk

NOUS NE SOMMES PAS UNE BANQUE. Visitez notre page web et découvrez qui nous sommes: *www.fcexchange.co.uk*

FC Exchange est le nom commercial de Foreign Currency Exchange Limited.(entreprise d'échange de devises étrangères)Foreign Currency Exchange Limited est une entreprise à responsabilité limitée inscrite en Angleterre et au pays de Galles. Bureau officiel: 88 Wood Street, 10th floor, London, EC2V7RS Numéro officiel: 5452483 Foreign Currency Exchange Limited à reçu l'autorisation des Autorités des Services Financiers (N° 511266) sous les conditions de services de paiements 2009 quant à la provision de services de paiements. H M Customs & Excise MLR No.12215508. Veuillez noter que Foreign Currency Exchange Limited gère la circulation de données électroniques, de mails et de leurs contenus pour des objectifs de sûreté et de formation du personnel.

Ce message contient des informations confidentielles et n'est envoyé qu'à **VOTRE ADRESSE MAIL**. Si vous n'êtes pas **VOTRE ADRESSE MAIL**, vous devriez pas diffuser, distribuer ou copier ce mail. Veuillez en informer *atl@fcexchange.co.uk* immédiatement par mail si vous avez reçu ce mail par erreur et l'effacer de votre système. La transmission par mail ne peut être garantie ou libre de toute erreur étant donné que l'information peut être interceptée, corrompue, perdue, détruite, arriver en retard ou de façon incomplète, ou encore contenir des virus. Pour cette raison ni Foreign Currency Exchange ni Amber Loan ne se font responsables d'erreurs ou d'omissions du contenu de ce message, dû à la transmission du mail. Si une vérification est nécessaire, demandez une copie en support papier. Ni Foreign Currency Exchange Limited ni aucun de ses employés n'offrent de conseils financiers, les clients ne doivent s'appuyer que sur leur propre expertise et sont les seuls responsables de leurs décisions commerciales. Le point de vue et opinions de ce mail sont ceux de l'envoyeur et ne représentent nullement le point de vue et opinions de Foreign Currency Exchange Limited.

* * *

Vous cliquerez ensuite sur www.securepayments.com où vous compléterez les sections avec les informations personnelles de la personne, le numéro de compte sur lequel vous souhaitez envoyer l'argent, ainsi que la devise.

Une fois complété le formulaire de paiement sécurisé, vous l'envoyez et vous devriez recevoir le mail suivant:

* * *

Madame, Mademoiselle, Monsieur_____,

Ce mail confirme la réception du formulaire d'instructions préalables de paiement via le site de paiement sécurisé FCE. Vos instructions seront présentement remises à l'équipe de paiement pour être traitées.

Cordialement

N.B: *Veuillez noter que nous réalisons les paiements le jour même où les fonds sont reçus à condition que ceux-ci soient virés et compensables avant 14:30 GMT. Si nous recevons des fonds après cette heure là, les paiements seront effectués le jour ouvrable suivant. Nous ne procédons au paiement que lorsque les fonds que vous nous envoyez sont entièrement compensables. Les valeurs du jour d'après ou les devises exotiques pourraient avoir besoin d'un jour supplémentaire pour être compensables étant donné le décalage horaire et la valeur de livraison de contrepartie. Si vous avez d'autres requêtes en rapport avec la compensation, la valeur de livraison ou les réductions de temps, contactez directement votre FC Exchange agent de change.*

FC Exchange
FC Exchange | Salisbury House | Finsbury Circus | London | EC2M 5QQ
Tel: | Fax: +44 (0)20 7989 9999 | site web: *fcexchange.co.uk*

Inscrivez vous chez nous! <u>Ouvrez un compte gratuitement</u> Aidez un ami à économiser sur ses virements: <u>Recommandez FC Exchange à un ami</u>

FC Exchange est le nom commercial de Foreign Currency Exchange Limited.(entreprise d'échange de devises étrangères)Foreign Currency Exchange Limited est une entreprise à responsabilité limitée inscrite en Angleterre et au pays de Galles. Bureau officiel: 88 Wood Street, 10th floor, London, EC2V7RS Numéro officiel: 5452483 Foreign Currency Exchange Limited à reçu l'autorisation des Autorités des Services Financiers (N° 511266) sous les conditions de services de paiements 2009 quant à la provision de services de paiements. H M Customs & Excise MLR No.12215508. Veuillez noter que Foreign Currency Exchange Limited gère la circulation de données électroniques, de mails et de leurs contenus pour des objectifs de sûreté et de formation du personnel.

Ce message contient des informations confidentielles et n'est envoyé qu'à **VOTRE ADRESSE MAIL**. Si vous n'êtes pas **VOTRE ADRESSE MAIL**, vous devriez pas diffuser, distribuer ou copier ce mail. Veuillez en informer *atl@fcexchange.co.uk* immédiatement par mail si vous avez reçu ce mail par erreur et l'effacer de votre système. Transmission par mail ne peut être garantie ou libre de toute erreur étant donné que l'information peut être interceptée, corrompue , perdue, détruite, arriver en retard ou de façon incomplète, ou encore contenir des virus. Pour cette raison ni Foreign Currency Exchange ni Amber Loan ne se font responsables d'erreurs ou d'omissions du contenu de ce message, dû à la transmission du mail. Si une vérification est nécessaire, demandez en une copie en support papier. Ni Foreign Currency Exchange Limited ni aucun de ses employés n'offrent de conseils financiers, les clients ne doivent s'appuyer que sur leur propre expertise et sont les seuls responsables de leurs décisions commerciales. Le point de vue et opinions de ce mail sont ceux de l'envoyeur et ne représentent nullement le point de vue et opinions de Foreign Currency Exchange Limited.

* * *

Le jour suivant vous recevrez la confirmation de transfert par mail telle que la suivante:

* * *

Madame, Mademoiselle, Monsieur _____,

Vous trouverez ci-joint le document de confirmation de transfert de fonds remis en votre faveur. Si vous avez des questions, contactez nous au 020 7989 0000 et nous serons heureux de vous servir.

Veuillez noter que le montant indiqué sur le document ci-joint est le montant exact que FC Exchange a envoyé. S'il y avait une divergence entre celui-ci et le montant crédité , adressez vous d'abord à la banque parce que certaines banques prélèvent des taxes d'acheminement.

Merci d'utiliser FC Exchange

Cordialement
Coordinateur de paiements

FC Exchange | 10th Floor | 88 Wood Street | London | EC2V 7RS
Tel: +44 (0)20 7989 0000 | Fax: +44 (0)20 7989 9999

FC Exchange est le nom commercial de Foreign Currency Exchange Limited. (entreprise d'échange de devises étrangères) Foreign Currency Exchange Limited est une entreprise à responsabilité limitée inscrite en Angleterre et au pays de Galles. Bureau officiel: 88 Wood Street, 10th floor, London, EC2V7RS Numéro officiel: 5452483 Foreign Currency Exchange Limited a reçu l'autorisation des Autorités des Services Financiers (N° 511266) sous les conditions de services de paiements 2009 quant à la provision de services de paiements. H M Customs & Excise MLR No.12215508. Veuillez noter que Foreign Currency Exchange Limited gère la circulation de données électroniques, de mails et de leurs contenus pour des objectifs de sûreté et de formation du personnel.

Ce message contient des informations confidentielles et n'est envoyé qu'à **VOTRE ADRESSE MAIL**. Si vous n'êtes pas **VOTRE ADRESSE MAIL**, vous devriez pas diffuser, distribuer ou copier ce mail. Veuillez en informer *atl@fcexchange.co.uk* immédiatement par mail si vous avez reçu ce mail par erreur et l'effacer de votre système. La transmission par mail ne peut être garantie comme libre de toute erreur étant donné que l'information peut être interceptée, corrompue , perdue, détruite, arriver en retard ou de façon incomplète, ou encore contenir des virus. Pour cette raison ni Foreign Currency Exchange ni Amber Loan ne se font responsables d'erreurs ou d'omissions du contenu de ce message, dû à la transmission du mail. Si une vérification est nécessaire, demandez une copie en support papier. Ni Foreign Currency Exchange Limited ni aucun de ses employés n'offrent de conseils financiers, les clients ne doivent s'appuyer que sur leur propre expertise et sont les seuls responsables de leurs décisions commerciales. Le point de vue et opinions de ce mail sont ceux de l'envoyeur et ne représentent nullement le point de vue et opinions de Foreign Currency Exchange Limited.

* * *

En pièce jointe, vous trouverez un reçu, où vous retrouverez toutes les informations que vous aurez envoyées par le formulaire de paiement sécurisé, précisant la date et heure auxquelles l'argent aura été mis sur le compte de votre choix.

Veuillez garder à l'esprit que plus la somme que vous envoyez par FC Exchange est grande, plus intéressant sera le taux que vous obtiendrez.

De plus, pour information, si vous recommandez FC Exchange à quelqu'un, vous vous verrez accorder un bonus de 50 Livres Sterling par client- voir détail à la suite.

Parrainage: Offre de FC Exchange pour le parrainage- Si vous connaissez quelqu'un, un ami, un membre de la famille, n'importe qui en réalité qui a ou aura besoin de devises étrangères, vous pouvez les parrainer auprès de FC Exchange et vous recevrez en remerciements £50.

Non seulement vous serez récompensé, mais la personne que vous parrainez le sera aussi. Bien sûr elle bénéficiera de nos formidables taux et services, mais nous lui donnerons aussi un petit quelque chose pour lui souhaiter la bienvenue.

Alors, comment cela marche t-il ? C'est plutôt simple. Demandez seulement à la personne de nous contacter en précisant **la référence CR814.**

Une fois leur inscription enregistrée et leur affaire traitée * chez nous, nous créditerons votre compte de la somme de £50. C'est aussi simple que ça.

Lettres en petits caractères et détails

Le client parrainé devra échanger * un minimum de £1000 ou FX équivalent en un seule transaction. Vous n'avez pas besoin d'être un client pour recommander FC Exchange à quelqu'un mais il faut que vous soyez client pour recevoir les £50.

Les comptes commerciaux de ceux qui auront été parrainés seront crédités de £10 lorsque leur première transaction chez FC Exchange sera complète.

FC Exchange devra connaître les détails du parrain pour que les deux parties puissent bénéficier de cette disposition;il est à la charge du parrain ou du parrainé de fournir ces détails.

FC Exchange se réserve le droit de changer les conditions de cette offre ou de la retirer à n'importe quel moment sans préavis ni responsabilité.

Un maximum de £60 sera crédité par nouvelle personne ou entité présentée. Si un client est déjà en contact avec FC Exchange, il ne pourra être considéré comme apte à être parrainé.

ÉTAPE N°13

LISTE DE TOUS
LES FRAIS ET TAXES À LA
CHARGE DE L'ACHETEUR

Il y a un certain nombre de coûts impliqués dans l'achat d'une propriété au Portugal, en commençant par les suivants, mais pas forcément dans ce même ordre:

1. **Représentation fiscale:** Pour obtenir un numéro d'identification fiscale, j'y suis allée avec mon advogado. Vous pouvez y aller avec votre advogado ou bien avec quelqu'un que vous connaissez qui parle couramment le portugais.

2. **Frais d'avocat:** Le coût de base pour qu'un avocat agisse en tant que votre représentant légal est d'environ 250 Euros.

    Toutes les firmes légales proposent une liste de coûts et certains avocats se font payer beaucoup plus cher.

    Dans mon cas, j'ai payé 1 200 Euros, somme exorbitante à ce que j'ai pu constater par la suite.

    Vous pouvez aller sur le net ou en personne à l'Association de la Barre du droit Portugais et demander la liste des prix minimums pratiqués par les avocats.

    Site Web et annuaire de tous les avocats du Portugal;

    https://www.oa.pt/CD/Servicos/PesqAdvogados/pesquisa_adv. aspx?sidc=31634&idc=5&idsc=31897

    Gardez bien sûr à l'esprit que certains avocats ne sont pas aussi honorables que d'autres et que si vous êtes étranger, ils peuvent parfois exiger des sommes exorbitantes.

    Le premier avocat que j'ai contacté voulait me facturer 100 Euros de l'heure. Je suis vite partie en disant, « Merci mais non merci ». Même en Australie, on ne demande pas tant. Pour acheter un bien, les coûts s'étalent entre 600 et 850 AUD.

    Quand on m'a facturé 1200 Euros, j'ai demandé à mon avocat de s'expliquer sur le moment, mais on m'a dit que c'était le prix normal et que mon contrat était très compliqué à cause du droit de rétention et des deux hypothèques sur la propriété et la façon dont je voulais mettre en place les trois paiements pour l'achat.

J'ai accepté sa bonne foi en pensant que mon avocat prenait soin de mes intérêts et n'avait pas l'intention de m'arnaquer.

J'ai demandé à d'autres propriétaires, Portugais comme étrangers au Portugal, la majorité me dit qu'ils ne pouvaient se souvenir de ce qu'ils avaient payé et d'autres avaient hérité leur bien de leur famille.

Quand j'ai découvert par la firme d'avocats que j'utilise actuellement que les frais auraient du être seulement de 250 Euros, je n'étais pas contente du tout. J'étais tellement déçue qu'on m'ait menti et d'avoir été une cible facile en tant qu'étrangère.

Ce fut une leçon que je n'oubliais pas de si tôt, surtout qu'à ce moment là, le coût supplémentaire s'en ressentit sur mes finances. Je pense que c'est une croyance générale-les étrangers peuvent forcément se permettre de payer davantage.

Certains suggéreront que les frais légaux se montent grosso modo à 1-2% du prix d'achat du bien, pus la TVA (en Australie on appelle ça GST, c'est une taxe gouvernementale).

3. **Taxe sur l'Achat:** Ça s'appelle IMT, c'est-à-dire Imposto Municipal Sorbre Transmissoes Onerosas de Omovies, en français, la taxe que vous payez à l'achat d'un bien immobilier. L'acheteur règle cette taxe lorsque l'acte ou le transfert de propriété passe à votre nom. Le pourcentage dû dépend de l'utilisation officielle que vous ferez de ce bien immobilier.

Je suis aujourd'hui convaincue que le premier avocat que j'embauchais ne s'est pas inquiété de mon avantage dans cet aspect.

Une fois que j'avais acheté la propriété , je fus informée par mon avocat que puisque la propriété aurait plusieurs usages et générerait plusieurs revenus, je devais payer plus de 5000 Euros de frais IMT.

J'avais déjà payé 65 000 Euros. Et tant mon avocat que mon agent immobilier m'avaient assuré que la taxe tournerait autour de 0,2% du prix d'achat.

Je n'étais vraiment pas contente de me retrouver avec un énorme coût supplémentaire, d'autant plus que le dollar Australien perdait de sa valeur face à l'Euro.

4. **Frais de Cadastre:** Le coût est de 0,5% du prix d'achat.

5. **Frais d'enregistrement de la propriété**: Votre avocat enregistrera l'achat du bien auprès du Bureau d'Enregistrement de la propriété (Consevatoria do Registo Predial) dans la zone où est situé votre bien et au Bureau des Impôts (Reparticao de Finanças).

6. **Enregistrement d'achat:** fixé à 250 Euros

7. **Enregistrement de crédit bancaire**: fixé à 250 Euros si vous réalisez un emprunt à la banque pour acheter votre bien.

8. **Timbre Fiscal:** (Imposto de Selo) 0,8% du prix d'achat du bien.

9. **9. Frais de Notaire:** Lorsque la profession de Notaire fut privatisée, les frais de notaires changèrent de façon significative et dépendent plutôt de l'office où l'Escritura (Acte) est signé.

L'Acte de vente et achat (Escritura Pública de Compra e Venda, c'est son nom complet), doit être rédigé, signé par les deux parties devant un notaire public et déposé au Bureau Local du cadastre (Conservatoria do Registo Predial), chaque partie conservant une copie de l'acte.

10. **TVA ou IVA :** 23%sur toute nouvelle propriété.

11. **Frais d'agence immobilière:** Payés par le vendeur.

12. **Impôts:** Réglés par trimestre ou en un seul règlement annuel. Vous pouvez déterminer cela afin qu'ils soient débités automatiquement de votre compte bancaire.

13. **Assurance sur la propriété:** Vous aurez besoin de planifier une dépense annuelle, en particulier si vous avez un emprunt bancaire, contre les incendies, le cambriolage et les dommages. Vous devrez choisir parmi les compagnies d'assurance du Portugal.

    Le type d'assurance dont vous aurez besoin dépendra de l'usage que vous souhaitez faire de votre bien.

    Je crois qu'il vaut mieux patienter et trouver le bon assureur qui s'adaptera à vos besoins particuliers. Ceci est facile à trouver en ligne grâce à n'importe quel outil de recherche.

LISTE DE VÉRIFICATION DES FRAIS QUI PEUVENT ÊTRE IMPUTÉS AU COURS DE L'ACHAT D'UN BIEN IMMOBILIER AU PORTUGAL

LISTE	FRAIS en EUROS	PAID
Numéro Fiscal	€	
Représentation Fiscale	€	
Advogado/Advogada	€	
IMT-Taxe sur l'Achat	€	
Frais Cadastre	€	
Frais d'enregistrement de la propriété	€	
Enregistrement d'achat	€	
Enregistrement de prêt	€	
Timbre fiscal	€	
Frais de Notaire	€	
TVA	€	
IVA	€	
Impôts	€	
Assurance/Propriété	€	

LISTE DE VÉRIFICATION
DES ÉTAPES 1 À 13

ÉTAPE N°1 – ORGANISER SES FINANCES

FINANCEMENT	DÉTAILS	TERMINÉ
Personnel:		
Emprunt Bancaire: Contrat:		
Échange: Contrat:		
Location/Vente: Contrat:		
Le propriétaire finance: Contrat:		

ÉTAPE N°2- LOCALISER LE BIEN

BIEN	DÉTAILS	TERMINÉ
Département:		
Municipalité:		
Commune:		
Province:		
Région:		

ÉTAPE N°3- AGENT IMMOBILIER

AGENCE	DÉTAILS	TERMINÉ
Compagnie:		
Contact:		
Tel Portable:		
Adresse:		
Adresse Internet:		

ÉTAPE N°4- VENTES AUX ENCHÈRES PUBLIQUES

ENCHÈRES	DÉTAILS	TERMINÉ
Vente aux enchères publique référence n°:		
Lettre scellée:		
En ligne:		
Contrat proposé:		
Négociation privée:		
Date des enchères:		
15 jours:		
20 jours:		
1er versement :	En Euros	
2me versement:	En Euros	
Versement restant sous 8 mois:	En Euros	
Timbre fiscal reçu n°:		
Auto de Adjudicacao- Acte de Vente n°:		

ÉTAPE N°5- PROPRIÉTÉS BANCAIRES

BANQUE	DÉTAILS	TERMINÉ
Banque:		
Commissaire-Priseur:		
Adresse:		
Adresse Internet :		
Référence n°:		
Acompte:	€	
Reçu n°:		

ÉTAPE N°6- PROMESSE DE VENTE/ CONTRAT DE VENTE

PROMESSE DE VENTE- CONTRAT DE VENTE	DÉTAILS	TERMINÉ
Bureau de Casa Pronta: Personne à contacter:		
Coordonnées de l'Avocat:		
Compagnie de Construction:		
Agent immobilier:		
Détails de vente privée:		
Documents traduits:		

ÉTAPE N°7- REPRÉSENTATION LÉGALE

REPRÉSENTATION LÉGALE	DÉTAILS	TERMINÉ
Compagnie: Page web:		
Détails de l'avocat:		
Tel fixe: Tel portable:		
Adresse:		

ÉTAPE N°8- NUMÉRO D'IDENTIFICATION FISCALE

NUMÉRO D'IDENTIFICATION FISCALE	DÉTAILS	TERMINÉ
Bureau le plus proche:		
Adresse:		
Formulaire rempli:		
Numéro de dossier fiscal: Documentation du pays d'origine:		
Personne n°1 Nom: Adresse: Date de naissance: N° Fiscal: N° dossier fiscal du pays d'origine Adresse mail:		
Personne n°2 Nom: Adresse: Date de naissance: N° Fiscal: N° dossier fiscal du pays d'origine Adresse mail:		

ÉTAPE N°9- LA PROCURATION

PROCURATION	DÉTAILS	TERMINÉ
Nom de la personne au nom de qui est la procuration:		
Adresse:		
Adresse mail:		
N° de contact:		
Pouvoirs:		
Électricité:		
Gaz:		
Eau:		
Assurance /Propriété:		
Impôts:	En Euros	
Autres:		

ÉTAPE N°10 – LE NOTAIRE

NOTAIRE	DÉTAILS	TERMINÉ
Nom du Notaire:		
Adresse:		
Adresse mail:		
N° de contact:		
Témoin n°1 Nom: Adresse: N°de contact: Adresse Mail:		
Témoin n°2 Nom: Adresse: N°de contact: Adresse Mail:		
Frais de Notaire:	En Euros	
Reçu N°:		

ÉTAPE N°11- DROITS DE RÉTENTION ET HYPOTHÈQUES

DROITS DE RÉTENTION ET HYPOTHÈQUES	DÉTAILS	TERMINÉ
Droits de rétention:	En Euros	
Hypothèque:	En Euros	
Deuxième hypothèque:	En Euros	
Propriétaires:		
Actions légales contre la propriété:		

LISTE DE DOCUMENTS NÉCESSAIRES POUR L'ACHAT ET LA VENTE D'UN BIEN IMMOBILIER AU PORTUGAL

DOCUMENTS	DÉTAILS	TERMINÉ
Carte d'identité/ passeport individuel du vendeur et acheteur		
Certificat commercial , carte d'identité du représentant légal, Pacte de Société (pour les entreprises)		
Numéro d'identification Fiscale (voir page 113)		
Procuration et pièce d'identité du procurateur s'il y a		
Carnet du cadastre ou certificat du contenu d'article		
Certificat de description et enregistrement du contenu effectif (ou code d'accès)		
Autorisation d'utilisation en cas de propriété urbaine ou certificat de dispense si le bien a été construit avant le 7 août 1957		
Preuve de paiement des Timbres fiscaux et Taxe Municipale (IMT)		
Description technique de la propriété (constructions postérieures à 2004)		
Certificat énergétique (L'agent immobilier ou le vendeur vous le fourniront).		

Photo du bien AVANT: *j'ai payé 65 000 Euros pour 2 appartements de 2 chambres chacun, 1 appartement de 3 chambres et 1 appartement de 5 chambres.*

Après: *Les travaux de rénovations toujours en cours.*

INFORMATIONS DIVERSES

Pour votre information, si vous êtes un étranger au Portugal et que vous pensez à la possibilité de vous y installer, vous trouvez ci-dessous la liste des:

NATIONALITÉS LES PLUS NOMBREUSES AU PORTUGAL

1. Américains
2. Argentins
3. Australiens
4. Belges
5. Brésiliens
6. Britanniques
7. Bulgares
8. Canadiens
9. Chinois
10. Danois
11. Hollandais
12. Finnois
13. Français
14. Allemands
15. Grecs
16. Indiens
17. Irlandais
18. Italiens
19. Japonais
20. Libanais

21. Mexicains
22. Norvégiens
23. Polonais
24. Roumains
25. Russes
26. Sud Africains
27. Espagnols
28. Suédois
29. Suisses
30. Turcs
31. Ukrainiens

Si vous allez sur *www.expat.com* vous pouvez vous inscrire parmi la communauté d'expatriés au Portugal; vous pourrez ainsi contacter d'autres étrangers, peut-être vos compatriotes, qui vivent aussi au Portugal.

La Communauté d'Expatriés est une source d'informations qui pourra vous être très utile. Vous pourrez demander conseil, vous affilier a des groupes et socialiser.

CONCLUSION

Tant que vous suivez consciencieusement la procédure telle que je l'ai présentée, vous n'aurez pas besoin d'utiliser les services d'un avocat et vous ne devriez avoir aucun problème à acheter un bien immobilier au Portugal.

C'est à vous de choisir si vous désirez utiliser un avocat, les services d'un agent immobilier ou bien tout faire vous faire auprès des bureaux de Casa Pronta, juste entre le vendeur et vous-même.

Les agents immobiliers peuvent faire à peu près tout le travail pour vous, du numéro d'identification fiscale au notaire en passant par l'ouverture des compteurs d'électricité, de gaz et d'eau. Il peuvent vous prendre rendez-vous pour aller au bureau de Casa Pronta ou du Notaire.

Il y a tant de façons simples d'acheter un bien immobilier au Portugal; vous devrez décider celui par lequel vous voulez passer. En tant qu'étrangère, on a profité de moi et on m'a souvent fait payer plus que le prix normal. Je ne souhaite à personne qui souhaite acheter une propriété au Portugal d'en passer par là .

Ceci dit, je crois toujours que le Portugal est un marché inexploité, possédant un énorme potentiel, surtout pour les étrangers.

En Australie, la propriété est si chère et si difficile à trouver au dessous de 100 000 AUD. Il faudra débourser au minimum 300 000 AUD pour une simple maison de trois chambres, et encore, pour ce prix là, il sera très difficile d'en trouver.

Le fait est que vous pouvez acheter un bien immobilier au Portugal à des prix très abordables; même si vous devez faire des travaux de rénovations, cela reste malgré tout plus simple et meilleur marché que dans la plupart des autres pays.

La sensation que vous avez lorsque vous pouvez simplement payer cash une propriété , sans emprunt bancaire, est purement indescriptible.

La joie et paix intérieure que vous ressentez quand vous avez « votre » maison, et en bonus, pas de milliers de dollars de crédit par an, ni de loyer, sont inestimables.

Chacun doit décider ce qu'il veut dans la vie, ce qui le rend heureux et comment & où il souhaite vivre sa vie.

Que vous choisissiez d'acheter un bien immobilier au Portugal pour la retraite, comme investissement ou pour changer complètement de vie, c'est à vous de décider. Dans mon cas, ça a été la meilleure décision de ma vie et il me tarde de pouvoir y vivre à plein temps.

L'objectif principal de ce livre est d'exposer les grandes lignes de la procédure d'achat d'un bien immobilier au Portugal; ce livre peut être utilisé comme guide pour quiconque souhaitant acquérir une propriété.

Toutes les informations que j'y ai incluses sont celles que j'ai moi-même utilisées pour acheter mon bien. J'ai cherché en ligne, fait des recherches et à ce jour en 2015 tout est vrai et correct.

Merci beaucoup et j'espère que ce livre aidera tous ceux qui veulent acheter une propriété au Portugal.